Clarissa Corrêa da Silva

MEIN WUNDERBARES ICH

Was mich ausmacht und welche Rolle die Gene dabei spielen

Mit Illustrationen von Maurizio Onano

cbj

Bei diesem Buch wurden die durch das verwendete Material und die Produktion entstandenen CO_2-Emissionen ausgeglichen, indem der cbj-Verlag ein Projekt zur Aufforstung in Brasilien unterstützt.
Weitere Informationen zu dem Projekt unter:
www.ClimatePartner.com/14044-1912-1002

FSC www.fsc.org MIX Papier | Fördert gute Waldnutzung FSC® C010328

Wir produzieren Klimaneutral ClimatePartner.com/14044-1912-1001 Druckprodukt

Penguin Random House Verlagsgruppe FSC® N001967

1. Auflage 2023

Umschlaggestaltung: Michaela Kneißl, Geviert,
unter Verwendung einer Illustration von Maurizio Onano
Umschlagillustration, Innenillustrationen: Maurizio Onano
TP · Herstellung: AJ
Satz: Satzwerk Huber, Germering
Reproduktion: Lorenz + Zeller, Inning a. A.
Druck: Alföldi Nyomda Zrt., Debrecen
ISBN 978-3-570-18061-7
Printed in Hungary

www.cbj-verlag.de

Für Frau Opdenberg-Harder.

Meine liebste Lehrerin, die aus mir nur das Beste rausgeholt hat.

Kurze Wegbeschreibung vor der Reise

Die Bau- und Bedienungsanleitung – oder auch: Das Gen dieses Buchs

Hi!
Hast du Lust, auf eine Reise zu gehen? Eine Reise zu dir selbst? Bevor du das beantwortest, muss ich dir verraten – du bist bereits auf dieser Reise.

Die eigene Selbstfindungsreise beschreitet jeder und jede von uns jeden Tag. Vieles davon ist uns nur nicht bewusst.

Deshalb noch mal: Magst du bewusst auf deine Selbstfindungsreise gehen? Ja? Wie toll!

Ich habe hier das perfekte Gepäck für dich – dieses Buch. Noch ist es ein einfaches Buch, in dem viele tolle Bilder, Zeichnungen und Erklärungen drinstehen, aber es kann noch so viel mehr.

Es kann einzigartig werden, so wie du! Je mehr du es für deine Selbstfindungsreise nutzt, desto mehr ist es dein einzigartiges Buch auf dem Weg zu Antworten auf die Fragen: »Wer bin ich eigentlich und warum überhaupt?«

Was du mit diesem Buch alles machen kannst

Lesen

Okay, das ist keine Überraschung. Das Besondere ist: Dieses Buch musst du nicht von vorne bis hinten an einem Stück lesen, um es zu verstehen. Du kannst viele Stellen auch erst mal überspringen oder, wenn dir danach ist, zu ihnen zurückblättern. Du entscheidest auch, wann und wo und vor allem wie du das Buch lesen magst. Leg es gerne eine Weile auch weg und mache dir einfach nur Gedanken zu den Erklärungen, die du hier drin findest. Alles nach deinem Tempo und deinem Geschmack.

Gestalten

Auf einigen Seiten findest du Platz, um Bilder von dir, deiner Familie und anderen lieben Menschen oder auch Ereignissen aus deinem Leben festzuhalten. So gestaltest du dein persönliches, einzigartiges Buch. Außerdem gibt es nach jedem Kapitel Raum für deine eigenen Gedanken, Zeichnungen und Notizen. Auch hier kannst du deiner Fantasie freien Lauf lassen.

Lachen

Hin und wieder flitzt ein kleiner Witz über die Seiten hinweg. Wenn du ihn entdeckst und er dir gefällt, dann hast du was Neues für dein Witzearchiv. Zum Beispiel für die nächste Gelegenheit auf dem Schulhof.

Wissen

Oh, und was du da alles an Wissen entdecken wirst! Viel Neues, aber sicher auch schon ganz viel, was du bereits weißt oder schon mal gehört oder gelesen hast. Und auch ein bisschen was, mit dem du in der Kategorie »unnützes Wissen« punkten kannst. So für den lässigen Moment im Unterricht, bei der Familie oder unter Freunden, wo du mit ein bisschen Randwissen auftrumpfen kannst.

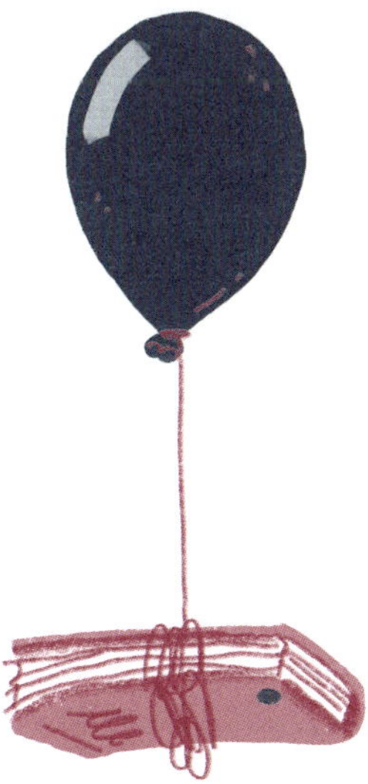

Spaß

Spaß ist das Allerwichtigste bei allem, was du mit und aus diesem Buch machst.

ALLES KLAR? DANN:

LOS GEHT'S!

M
M
P
P

Kapitel 1

Ganz der Papa! Ganz die Mama! Oder doch nur zur Hälfte?

Was meinst du: Was hast du von Mama, was von Papa? Denkst du da sofort an äußerliche Merkmale wie lockige Haare, helle Augen, Hautfarbe oder Sommersprossen? Oder denkst du eher an Angewohnheiten, wie beim Zähneputzen ständig rumzulaufen oder beim Schuhebinden zu summen?

Bestimmt hast du dich schon mal mit deinen Eltern verglichen. Oder du wurdest in deiner eigenen Familie von anderen mit deinen Eltern verglichen. Jeder hat schon mal überlegt, was er oder sie von welchen Verwandten eventuell haben könnte. Egal ob bewusst oder unbewusst, es passiert ab dem Moment, an dem wir auf der Welt sind.

Wir sind ja immer eine Mischung aus unseren Müttern und unseren Vätern. Deshalb hören wir als Kind manchmal Sätze wie: »Das hast du von deiner Mutter!« oder »Ah, gaaanz der Papa«. Kennst du sicherlich auch. Aber wie viel von unseren Eltern steckt tatsächlich in uns drin? Wie viel vielleicht noch von anderen Verwandten? Und die wichtigste Frage ist ja dann: Was an mir kommt eigentlich nur von mir selbst?

Zum Beispiel meine Mutter. Die hat einen richtigen Wuschelkopf. Ganz viele kleine Locken. Sodass sogar schon bei meiner Geburt für den Arzt klar war: »Oh, ich sehe schon die erste Locke.« Pfff, Pustekuchen! Meine Haare sind megaglatt, da bleibt keine Haarklammer auch nur eine Sekunde drin, ohne runterzurutschen. Gut, dann habe ich eben die Haare von meinem Vater. Aber das Lachen, da ist sich die ganze Familie einig, dieses schallende und bis zur Straßenecke zu hörende, äußerst ansteckende Lachen, das kommt klar von meiner Mutter. Na gut, wenn sie meinen.

Und was ist jetzt meins?

Wenn ich das Lachen von meiner Mutter habe, heißt das dann auch, dass ich über dieselben Sachen lache wie meine Mutter? Oder habe ich doch meinen ganz eigenen Humor? Irgendwie hoffe ich ja schon, denn soo witzig finde ich viele Sachen, über die meine Mutter lacht, nun wirklich nicht.

Es stimmt schon, wenn wir sagen, dass wir unseren Eltern oder auch Geschwistern ähnlich sind. Klar, ist ja alles eine Familie. Das ist auch schön. Wir haben unsere Familie ja auch lieb. Mal mehr, mal weniger.

Die eigene Bau- und Bedienungsanleitung

Tatsächlich sind von unserer Geburt an viele Dinge schon festgelegt. In dem Moment, in dem wir aus unseren Müttern herausplumpsen und auf die Welt kommen, kriegen wir so was wie eine eigene fertige Bau- und Bedienungsanleitung mit – wie bei einem neuen Spielzeug, dem die Herstellerinnen oder Hersteller eine

Anleitung beilegen.
Die Bauanleitung bei einem Spielzeug beschreibt, wie man es zusammen- oder aufbauen kann und wie man es benutzt und bedient. Genauso ist es mit der Bauanleitung, die wir bei der Geburt mitgeliefert bekommen. Und unsere »Herstellerinnen und Hersteller« sind – … na? Klar, unsere Eltern.

Natürlich kommen wir nicht mit einem Handbuch unter dem Arm aus dem Bauch unserer Mütter spaziert. Wäre witzig, aber unsere persönliche Bau- und Bedienungsanleitung des Lebens steckt in unserem Körper drin. Genauer gesagt, in unseren Genen. Und die bekommen wir von unseren leiblichen Eltern vererbt.

Du hast sicher schon mal den Satz gehört: Ein Kind machen. Irgendwie klingt das erst mal etwas komisch oder lässt uns kichern. Wir sind ja keine Plätzchen, die man mal in einer Weihnachtsbäckerei macht. Doch tatsächlich wurde jede und jeder von uns »gemacht« – also hergestellt, von unseren Eltern. Damit wir so existieren, wie wir nun mal so jeden Tag herumlaufen, mussten unsere Eltern einige Zutaten von sich zusammenmischen: ihre Gene. Genauer gesagt, Keimzellen, die in den Genen drinstecken. Ein Kind wird gemacht, wenn die Keimzellen von einer weiblichen Person, die von Mama, und die Keimzellen von einer männlichen Person, die von Papa, miteinander verschmelzen. In dem Moment passiert die Vererbung. Das klingt wirklich unglaublich und ist ein echtes Wunder der Natur.

Woosh »

eine kurze Zeitreise

Den Menschen fiel schon sehr früh auf, dass Kinder oft ihren Eltern ähneln. Bereits in der Antike, vor über 2.000 Jahren, stellte der berühmte Philosoph Aristoteles fest, dass zwischen Kindern und ihren Eltern oft äußerliche Ähnlichkeiten bestehen. Damals wusste man allerdings noch nicht, dass dies mit Vererbung zu tun haben könnten.

Erst viele Jahrhunderte später, um 1865, entdeckte der Mönch Gregor Johann Mendel erste Hinweise und Anzeichen, wie das mit der Vererbung eventuell funktionierte. Er machte ein Experiment mit Erbsenpflanzen: Er kreuzte, also mischte sie und konnte dann beobachten, dass körperliche Merkmale wie die Blattformen oder auch die Farben der Erbsen nach bestimmten Regeln an die Jungpflanzen weitergegeben wurden.

Aber auch nach dieser Beobachtung dauerte es noch ein paar Jahre, bis entdeckt wurde, dass dieses Phänomen tatsächlich auf die Verschmelzung von weiblichen und männlichen Keimzellen der Pflanzen zurückzuführen ist.

Was aus uns wird, bestimmen also unsere Gene. Sie legen fest, wie wir aussehen – und auch, wie wir ticken. Denn die Gene entscheiden nicht nur darüber, ob wir helle oder dunkle Haare haben, groß oder klein sind. Ob wir viele Sommersprossen haben oder besonders krumme Beine. Sondern auch darüber, ob wir mutig sind oder nicht, musikalisch oder witzig, aufbrausend, hilfsbereit, gerne viel lachen oder eher stille Beobachter sind und lieber zuhören. Ob wir Süßigkeiten lieben oder einfach nicht aufhören können, Chips zu knabbern. Alles, was uns als Menschen eben so ausmacht.

Witzige Geschichte: Ich mochte als Kind überhaupt keine Schokolade, habe aber sehr gerne stundenlang mit meinem Schoko-Osterhasen oder Schoko-Weihnachtsmann gespielt. Bis sie durch meine Körperwärme geschmolzen waren und dann von meinen Eltern nur noch zu Kakao verarbeitet werden konnten. Saure Gurken mochte ich dagegen immer und ständig essen. Ob zum Frühstück oder als Mitternachtssnack. Auch wenn meine Eltern sich gewundert haben, gab es von da an immer ein Tauschgeschäft – Schokolade gegen saure Gurken. Fand ich topp!

Woher solche Eigenschaften oder Vorlieben kommen, weiß man nicht genau. Was die Wissenschaft allerdings herausgefunden hat: Jede körperliche – aber eben auch charakterliche – Eigenschaft liegt schon ab der Geburt zu 50 Prozent in unseren Genen. Das bedeutet, etwa die Hälfte unserer Merkmale und Eigenschaften bekommen wir von unseren Eltern. Und diese Hälfte ist dann ja auch noch mal in die Anteile aufgeteilt, die wir von unseren Müttern, und die, die wir von unseren Vätern haben. Ich sage dir, das ist ein einziges, wildes Rumgeteile. Wirklich verrückt – aber auch wahnsinnig spannend.

Wer ist dieses Ich?

Obwohl ein großer Teil unseres Ichs schon vorgegeben ist, lässt es sich dennoch so schwer beschreiben. Oder? Welche Antwort gibst du auf die Frage: »Wer bist du?«? Oder noch schwieriger: »Wie bist du?«? Irgendwie stehen diese Punkte nicht im Inhaltsverzeichnis unserer Bau- und Bedienungsanleitung.

Zwar legen unsere leiblichen Eltern mit der Mischung ihrer Gene ungefähr die Hälfte von uns fest. Das ist schon viel, aber eben auch NUR die Hälfte. Dazu kommt, dass unsere Eltern auch nicht wirklich wissen, in welchem Mischverhältnis ihre Gene auch unsere sind. Oder ob die Mischung der beiden wiederum etwas ganz Neues ergeben hat. Es ist ein bisschen wie bei Farben: Mischen wir zum Beispiel Rot und Grün, kommt Braun heraus. In Braun sind zwar Rot und Grün enthalten, es ist aber eine neue Farbe.

Du merkst, es ist kompliziert. Kompliziert ist aber nicht automatisch schlimm. Denn wenn etwas auf den ersten Blick nicht ganz

klar ist, denken wir mehr darüber nach, und wenn es Wissenslücken gibt, füllen wir die gerne mit unserer Fantasie. Komplizierte Dinge regen also zum Nachdenken an. Somit ist die Frage: »Wer ist dieses Ich in unserer Bau- und Bedienungsanleitung?« zwar sehr kompliziert, aber sie ist auch eine riesige Chance, auf eine Selbstfindungsreise zu gehen. Denn sehen wir es mal so: Wenn unsere Bau- und Bedienungsanleitung so kompliziert und schwer zu lesen ist, haben wir ganz viel Raum für unsere eigene Fantasie. Und wenn wir viel Fantasie einsetzen, dann fangen wir ja auch an zu überlegen: »Wie will ich denn sein? Was will ich mit meinem und aus meinem Ich alles machen?«

Mit Fantasie fangen wir an zu gestalten und zu formen. Vielleicht können wir unser Ich ja so aufbauen und gestalten, wie wir es möchten? Ich verrate dir was: Ein Stück weit geht das auf jeden Fall.

RANDWISSEN:

Wusstest du, dass man mit einer Zahl ausdrücken kann, wie nah zwei Lebewesen biologisch verwandt sind? Diese Zahl hat den coolen Namen »Verwandtschaftskoeffizient«. Sie gibt an, wie stark eine bestimmte Eigenschaft – zum Beispiel die Augenfarbe – diese beiden Lebewesen voneinander oder von gemeinsamen Vorfahren geerbt haben. Jeder Mensch hat die Hälfte seiner Gene, also alle Informationen in seinem Erbgut, von seinen Eltern bekommen: Der Verwandtschaftskoeffizient zwischen dir und deinen leiblichen Eltern beträgt daher 0,5 – eben 50 Prozent. Bei eineiigen Zwillingen ist der Verwandtschaftskoeffizient 1,0, weil sie total identische Erbinformationen, also zu 100 Prozent das gleiche Erbmaterial besitzen. Bei »normalen« Geschwistern von denselben Eltern liegt die Zahl bei 0,5, wie bei den Eltern.

Wir, die Summe vieler Urzeitmenschen

Wir wissen: Ungefähr zur Hälfte bestehen wir aus Mama und Papa. Wiederum die Hälfte von Mama besteht aus ihrer Mama und ihrem Papa. Und Papa besteht ja auch zur Hälfte aus seinem Papa und seiner Mama, also unseren Großeltern. Das heißt: In uns stecken neben Mama und Papa auch noch Oma und Opa drin und jeweils deren Mama und Papa, also unsere Urgroßeltern. Und die hatten ja auch noch mal jeweils eine Mutter und einen Vater. Das geht ja immer so weiter. Der Logik nach geht das ins Unendliche. Bis in die Urzeit.

Heißt das also: Wir sind die Summe unglaublich vieler Urzeitmenschen?

Irgendwie schon, ja. Anders gesagt: Unglaublich viele unterschiedliche Einflüsse haben unser Ich geformt. Weil es so viele unterschiedliche Einflüsse sind, gibt es jede Menge an unserem Ich zu entdecken und ganz sicher viel zu staunen. Denn eins ist sicher:

Wir sind wahre Wunderwerke!

Woher kommt's?

Gehe auf deine persönliche Selbstfindungsreise und notiere hier alle Eigenschaften, sowohl äußerliche als auch charakterliche, über die du auf dem Weg so stolperst. Vielleicht entdeckst du ja auch bei den Menschen aus deiner Familie und deinem Freundeskreis, woher das eine oder andere Merkmal von dir stammen könnte.

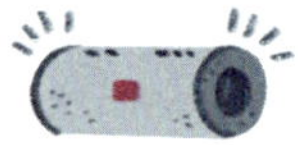

still — **laut**

Stubentiger — **Partylöwe**

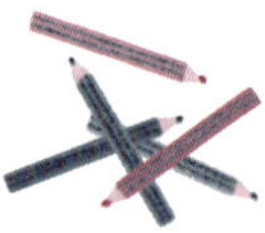

Chaos — **Ordnung**

Nachteule — **Lerche**

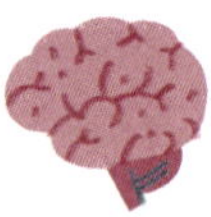
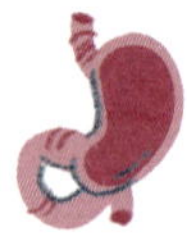

Kopf — **Bauch**

malen
BEISPIEL
VON MAURI:
von Mama

Kapitel 2

Mein leben als Zell-Achterbahn

Um zu wissen, wer wir sind, müssen wir zunächst einmal herausfinden, was Gene überhaupt sind. Und wir müssen herausfinden, wie groß der Anteil der Gene an dem Menschen ist, der uns im Spiegel anguckt. Deshalb schauen wir in diesem Kapitel wie eine Wissenschaftlerin oder ein Wissenschaftler in uns hinein und nehmen uns unsere persönliche Bau- und Bedienungsanleitung in ihren Einzelteilen genauer vor.

Wenn du magst, wirf dir einen Kittel um – wir zücken die Lupe und schauen uns erst einmal ein paar Basics an. Die brauchen wir für unseren Blick als Biologin und Biologe.

Zellen, nichts als Zellen

Du, ich und wir alle sind genau genommen ein riiiiesiger Haufen von Zellen. Jeder Mensch hat etwa 40 Billionen Zellen im Körper – so viele: 40.000.000.000.000. Und als ob das noch nicht genug wäre, bildet unser Körper jeden Tag auch noch weitere neue Zellen durch die Zellteilung.

Neue Zellen brauchen wir andauernd, um zu wachsen, zum Beispiel. Aber auch wenn wir schon ausgewachsen sind, verändern wir uns ständig weiter, indem sich unsere Zellen teilen – durch Ernährung, durch Sport und Bewegung oder wenn mal etwas repariert werden muss. Schneidest du dir beispielsweise in den Finger, heilt die Wunde unter anderem auch durch Zellteilung und die Produktion neuer Zellen.

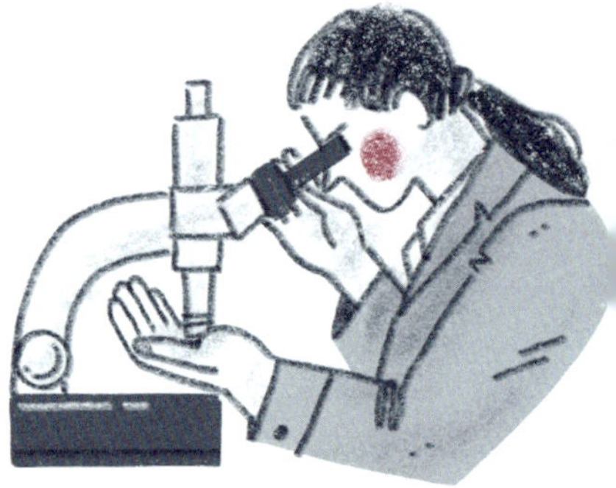

Achtung – jetzt wird's winzig

Blicken wir jetzt auch noch in eine einzelne Zelle hinein. Dafür wird die Lupe wohl nicht mehr reichen, da brauchen wir eher ein Mikroskop. Oder einfach ganz viel scharfes Vorstellungsvermögen.

In jeder einzelnen Zelle steckt unsere DNA. Meistens sogar im so **genannten Zellkern. Die DNA stellt die** für uns so wichtigen Gene **dar, die bestimmen,** wie wir sind und **was aus uns wird.**

In unserer Bau- und Bedienungs**anleitung sind die** Wörter, mit denen **die Bau- und** Bedienungsanleitung **geschrieben ist,** quasi die DNA.

RANDWISSEN:

DNA ist die Abkürzung für einen langen chemischen Namen auf Englisch. Auf Deutsch ist die Abkürzung DNS. Beide Wörter bedeuten aber das Gleiche.
Du willst im Bio-Unterricht punkten? Hier die ganzen Namen:
deoxyribonucleic acid = DNA
Desoxyribonukleinsäure = DNS

Die DNA trägt ganz viele wichtige **Informationen** in sich. Denn in **der DNA** ist abgespeichert, wie **ein Lebe**wesen – in unserem **Fall der** Mensch – aufgebaut ist und funktioniert. Sprich: wie wir aussehen und wie wir so ticken. Womit wir wieder bei unserer persönlichen **Bau- und Bedienungsanleitung** wären.

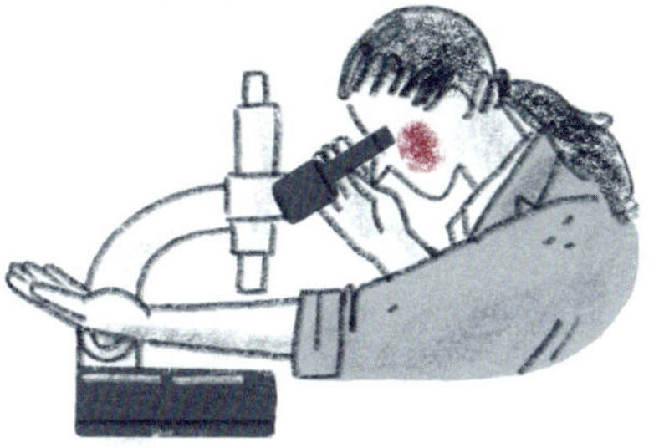

In jedem Zellkern steckt unsere ganz eigene DNA drin, und die ist auch in allen Zellkernen die gleiche. Wir bekommen sie am Anfang unseres Lebens mit, in jeder Zelle. Das heißt aber nicht, dass jede Zelle automatisch das Gleiche macht. Denn der menschliche Körper besteht aus Hunderten von verschiedenen Zelltypen. Jeder Zelltyp hat ganz eigene Funktionen, obwohl alle Zelltypen die gleiche DNA haben: In jedem Zellkern steckt dasselbe Genom, das immer kopiert wurde. Herrje, aber was ist nun wieder dieses Genom?

Das Genom ist unsere komplette DNA-Sequenz. Stell dir das am besten so vor: Statt eines einzelnen Zettels, auf dem unsere Bau- und Bedienungsanleitung steht, ist das Genom eine Aneinanderreihung von vielen Bau- und Bedienungsanleitungs-Zetteln. Ein bisschen wie ein Buch. Es beinhaltet somit alle Informationen in einer Zelle, die ein Lebewesen, in unserem Fall der Mensch, vererben kann. Vereinfacht gesagt ist das Genom das gesamte Erbgut eines Einzelnen.

Ich spinne das mal weiter. Wir sind aufgebaut wie dieses Genom-Buch. Im Grunde ist es in diesem Vergleich einfach ein Haufen mehrerer Blätter. Oder eben auch ein Blatt, das ganz oft kopiert, übereinandergestapelt und dann zusammengebunden wurde. Gut, so sieht ja eigentlich jedes Buch aus. Genauso haben auch alle Menschen extrem ähnliche Genome, obwohl wir alle leicht unterschiedliche Versionen der DNA-Sequenz haben.

So wie in diesem Buch. Vom Gegenstand her sind es, wie bei jedem anderen Buch auch, ganz viele Blätter, hintereinander zusammengelegt und zusammengebunden. Trotzdem sieht jedes Blatt anders aus und auf jedem Blatt steht auch etwas anderes drauf. Klar, weil ich ja auf jedes Blatt etwas anderes geschrieben

habe und Mauri was anderes gemalt hat. Wäre ja sonst langweilig, wenn jedes Blatt gleich aussähe.

Unsere DNA ist also das einzelne Blatt oder die Bau- und Bedienungsanleitung auf einem Zettel. Das Genom ist dann alle Blätter zusammen, die ganz oft kopiert wurden und in jeder Zelle stecken. Das Ganze zusammen ergibt das ganze Genom – oder eben eine Art Buch, das beschreibt, wie wir sind. Auf jedem einzelnen Blatt im Buch stehen andere Informationen drauf und es sieht anders aus. So wie die einzelnen Zellen in unserem Körper auch. Jede liest andere Informationen ab und hat dadurch eine andere Funktion.

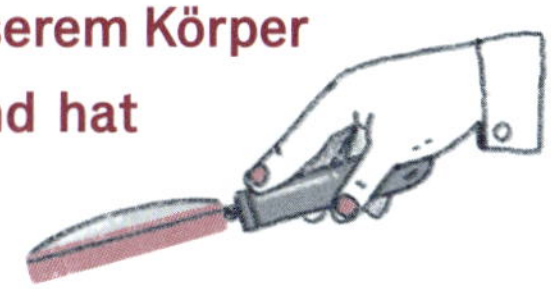

Das Genom: die Kommandozentrale im Zellkern

Das Genom steckt also in jeder einzelnen Zelle. Das ist ja erst mal dasselbe Genom, das einfach kopiert wurde. Doch nicht das gesamte Genom ist in jeder Zelle aktiv. Jede Zelle benutzt nur die Gene, die sie für ihre spezielle Funktion braucht. Zum Beispiel: In einer Knochenzelle sind nur die Gene aktiv, die die Knochen brauchen. In einer Herzmuskelzelle nur die, die den Herzmuskel aufbauen und schlagen lassen. In den Drüsenzellen im Mundraum sind nur die Gene aktiv, die unter anderem unsere Spucke produzieren. Und so geht das über jede einzelne Stelle in unserem Körper weiter.

Das Genom im Zellkern liest also in seiner Bau- und Bedienungsanleitung (der DNA) nach, was die Zelle zu tun hat, und gibt dann das Kommando, das genau diejenigen Gene aktiviert, welche die Zelle – je nachdem, wo sie im Körper sitzt – braucht, um zu funktionieren. Das Genom ist somit die Kommandozentrale im Zellkern. Wenn wir das wieder mit diesem Buch vergleichen, sind die Kommandozentrale in diesem Fall Mauri, der Illustrator, und ich, die Autorin. Weil wir ja entscheiden, was wir auf jedes einzelne Blatt draufschreiben und zeichnen.

Am Mikroskop forschen ist dein Ding? Wenn nicht, blättere einfach weiter zur Seite 35.

Hier gibt es noch mehr zu DNA, Zellen und Zellteilung:

Die DNA besteht aus wenigen Einzelteilen.
Sie sieht wie eine verdrehte Strickleiter aus. Außen hat sie zwei Stränge, die sich wie bei einer Schraube umeinanderdrehen. Diese Struktur der DNA heißt Doppelhelix.

Zwischen den Strängen sind die »Sprossen« der Leiter befestigt. Diese »Sprossen« nennt man Basen. In den Basen sind die eigentlichen Informationen gespeichert. In unserer Bau- und Bedienungsanleitung sind die Basen quasi die Buchstaben, aus denen die Wörter zusammengesetzt werden.

Und weil wir als Biologin und Biologe es gern einfach haben, gibt es nur vier dieser Basen mit jeweils einem Buchstaben: A, C, G und T. Außerdem die Regel, dass immer A mit T und C mit G verbunden ist. Das alles ergibt den genetischen Code. Ein bisschen so, wie wenn wir mit bestimmten Bauklötzen etwas zusammenstecken und am Ende auch nach Vorlage eine Figur rauskommt.

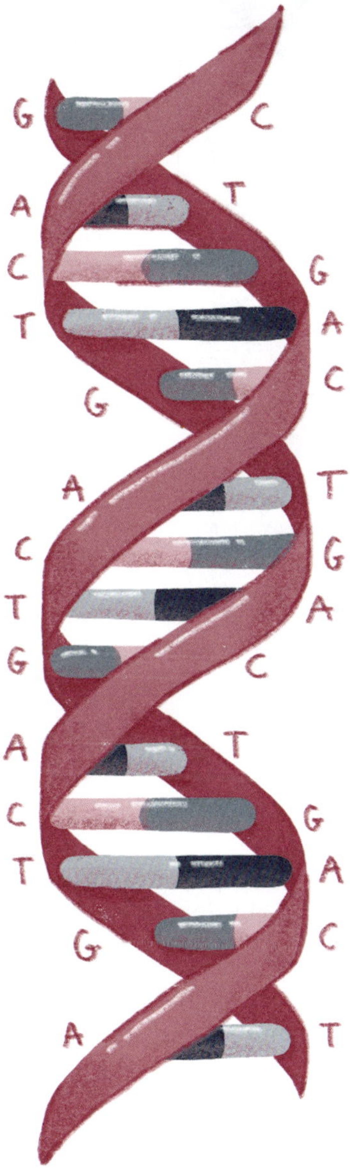

Bei uns Menschen ist die winzige DNA-Strickleiter, die wir in jeder Zelle haben, fast zwei Meter lang. Du kannst dir vorstellen, dass sie klitzeklein zusammengepackt werden muss, damit sie überhaupt in den Zellkern passt. Dieses Päckchen ist das Genom, und jedes ist in 46 Stücke aufgeteilt: die Chromosomen.

Die Chromosomen brauchen wir, um das mit der Vererbung zu verstehen. Denn die Chromosomen kommen immer nur paarweise vor: Wir erben in jeder Zelle jeweils 23 Chromosomen von unserer Mutter und 23 von unserem Vater.

In unserem Körper entstehen ständig neue Zellen durch die Zellteilung. Bevor sich eine Zelle in zwei Teile teilen kann, muss sie allerdings eine Kopie ihres Genoms anfertigen – eben dieses Päckchen in ihrem Zellkern.

Aber wie genau läuft die Zellteilung dann ab? Schauen wir uns noch mal unsere DNA-Strickleiter an – die Doppelhelix. Diese öffnet sich in der Mitte. Die »Sprossen« der Leiter, also die Basen, brechen in der Mitte auf und die Verbindung zwischen den beiden Strängen löst sich. Die beiden einzelnen Stränge mit den halben »Sprossen« verbinden sich dann wieder mit passenden neuen Basen. Also wieder A mit T und C mit G. Und schwups, gibt es zwei neue DNA-Stränge.

Das Ergebnis sind zwei Doppelhelixe, die jeweils aus einem alten DNA-Strang der Ursprungszelle und einem neu gebildeten Strang bestehen. Mit zwei neuen DNA-Strickleitern ergeben die meisten Zellteilungen dann auch zwei neue Zellen. Auch die haben wieder jeweils die gleiche Anzahl von Chromosomen wie die ursprüngliche Zelle, also 2 x 23.

In den Chromosomen ist die DNA und deren gesamte genetische Information aufbewahrt. Somit kann jede einzelne Zelle in unserem Körper aus ihrem Zellkern, wo ja die Chromosomen liegen, ablesen, was sie zu tun hat. Sie liest also ihre Bau- und Bedienungsanleitung, weiß dann, was zu tun ist, und gibt das Kommando an ihre Zelle weiter. Wie ihre eigene kleine Kommandozentrale.

Jedes Chromosomenpaar hat unterschiedliche Aufgaben und Einsatzbereiche. Zum Beispiel besteht ein Chromosomenpaar aus den Geschlechtschromosomen namens X-Chromosom und

Y-Chromosom. Sie legen unter anderem fest, ob du männlich oder weiblich bist: Mädchen haben zwei X-Chromosomen und tragen biologisch den Geheimagentin-Spitznamen: XX.
Jungen haben ein X- und ein Y-Chromosom und haben daher den Spitznamen: XY.

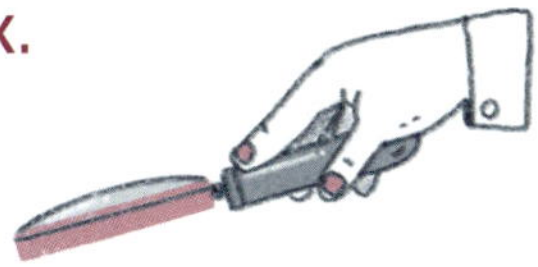

So weit, so gut. Du fragst dich wahrscheinlich, was dir das jetzt bringt, um die Frage »Wer ist dieses Ich?« zu beantworten. Schon ziemlich viel. Beim Weiterlesen wirst du ganz sicher noch sehr vieles über dieses Ich entdecken.

Unsere DNA ist unsterblich

Auch wenn viele Dinge schon seit unserer Geburt festgelegt sind, ist jeder Mensch einzigartig. Das liegt an der einzigartigen Gen-Mischung, die wir alle in uns tragen.

Woher diese Gen-Mischung kommt? Vom Kindermachen. Und spätestens aus der Schule wissen wir, wie das funktioniert: Die Samenzelle von Papa trifft auf die Eizelle von Mama. Zwei individuelle Zellen von zwei unterschiedlichen Menschen verschmelzen zum ersten und vor allem einzigen Mal auf diese Art miteinander. Eine einzigartige Ei- und eine einzigartige Samenzelle. Rauskommen kann dann ja auch nur etwas absolut Einzigartiges: DU!

Deshalb siehst du deinen Eltern vielleicht ähnlich, aber du siehst nicht genau aus wie sie. Denn ihr genetisches Material hat sich vermischt, bevor es an dich weitergegeben wurde. Du siehst auch nicht aus wie deine Geschwister, weil ihr Mix ein anderer

war – eben auch ein einzigartiger. Die Ausnahme sind eineiige Zwillinge, die aus einer einzigen befruchteten Eizelle stammen, die sich dann in zwei Teile teilt.

Aber auch ohne Zwilling teilt sich der Mix aus Ei- und Samenzelle weiter und produziert so alle unterschiedlichen Zelltypen, die benötigt werden, um einen Embryo im Bauch der Mutter entstehen zu lassen. Aus diesem Embryo wächst ein Baby heran, das dann auf die Welt kommt. Mal ganz ehrlich – ich finde, das ist ein absolutes Wunderwerk der Natur. Kann man nicht oft genug sagen – okay, in diesem Fall schreiben.

Alle Lebewesen geben ihre Gene – also den DNA-Code – an ihre Nachkommen weiter. Und alles, was dann das Baby braucht, steckt wie ein winzig kleiner Spickzettel in der Samenzelle von Papa und der Eizelle von Mama, die miteinander verschmelzen und einen etwas vergrößerten Zellhaufen bilden. Aus diesem Zellhaufen entstehen die ganzen einzigartigen Zellen, aus denen du, ich und wir alle als einmalige Menschen auf die Welt kommen und heranwachsen. Das ist der Blick als Biologin oder Biologe auf die Vererbung.

Erbgut: ein ewiges Teilen und Weitergeben

Den Teil, den wir von unseren Müttern und Vätern bekommen, und die wiederum von ihren Müttern und Vätern, und die wiederum von ihren Müttern und Vätern und so weiter – diesen Teil nennt man in der Biologie »Erbgut«. Wenn du mal Kinder bekommst, gibst du natürlich dein Erbgut auch wieder weiter an deine Kinder, und deine Kinder geben dann auch wieder einen kleinen Teil deiner DNA weiter an ihre eigenen Kinder – deine Enkelinnen und Enkel. Und die geben auch wieder einen kleinen Teil an ihre Kinder – deine Urenkelinnen und Enkel, und die wiederum geben ja dann auch noch einen Teil deiner DNA weiter. Das ist der absolute Wahnsinn, weil es nie endet.

Für die DNA bedeutet das: Es macht sie unsterblich! Auch wenn wir nicht mehr da sind, lebt unser DNA-Code, wenn auch an einigen Stellen verändert, in unseren Nachkommen weiter.

Lebensinseln

Stell dir vor, alles, was dir wichtig ist und was du magst, ist auf mehrere Inseln verteilt. Deine Lebensinseln, die immer um dich herumschwimmen. Welche Inseln wären das und wer oder was wäre dadrauf? Und welche Inseln wünschst du dir eines Tages auch mal weiterzugeben?

Gestalte deine Lebensinseln selbst, indem du zeichnest, malst, klebst. Überlege auch gerne, wer dich zu den Sachen auf deinen Inseln inspiriert hat oder dir die Sachen zum ersten Mal gezeigt oder beigebracht hat. Viel Spaß mit deinen Inseln!

Kapitel 3

Kann ich noch eine Superheldin oder ein Superheld werden?

Unser Erbgut haben wir von unseren leiblichen Eltern bekommen. Aber ACHTUNG: Das heißt nicht, dass es exakt gleich ist wie das von unserer Mama und unserem Papa. Sie können es verändert haben.

Bei mir zum Beispiel sind es die glatten Haare. Die hat mir ganz klar mein Vater vererbt – denn ihr erinnert euch, meine Mutter hat einen richtigen Wuschelkopf. Dennoch sind meine Haare nicht genau die Haare, die mein Vater auch hat. Meine sind nämlich sehr viel dicker. Glatt, aber dick, während die von meinem Vater glatt, aber dünn sind.

Der Moment, in dem sich die Gene meiner Mutter und die meines Vaters vermischt haben und an mich weitergegeben wurden, hat sie eventuell leicht verändert. Das heißt, ich habe zwar die Haarzellen meines Vaters bekommen, allerdings verändert. Entweder durch einen Einfluss von irgendeinem anderen Familienmitglied seitens meines Vaters oder von irgendeinem Extrading aus der Familie meiner Mutter, das in dem Moment plötzlich mit reinkam. Vielleicht von den glatten Haaren meiner Urururoma mütterlicherseits, die von Indigenen abstammt? Wir wissen allerdings nicht genau, wie ihre Haare waren.

Noch ein Beispiel: meine kleinen Finger. Sie sind im Vergleich zum Rest meiner Finger viel zu kurz – also wirklich. Sieht richtig witzig aus, kannst du mir glauben. Wenn wir uns mal sehen, zeige ich sie dir. Die kleinen Finger meiner Mutter sind genauso. Trotzdem sehen unsere kleinen Finger nicht exakt gleich aus.

Das sind jetzt nur Beispiele, die sich auf den Körper beziehen. Aber solche Veränderungen des Erbguts können auch über das Körperliche hinausgehen. Und da wird es richtig spannend. Denn jede und jeder von uns hat ja ganz persönliche Eigenschaften und Eigenarten. Bist du eher Langschläfer oder Frühaufsteherin? Eher wild und laut oder zurückgezogener und schüchtern? Oder vielleicht sogar irgendwas dazwischen, je nach Situation? Ach, es ist eben nicht so einfach, das sicher zu sagen. Sicher ist doch aber, dass das alles von unserer DNA – dem genetischen Code – vorgegeben ist, oder? Nein: Auch das ist nicht sicher zu sagen!

Denn was dagegen spricht: Der genetische Code, den wir von unserem Mama-Papa-Mix vererbt bekommen, erklärt weder all unsere körperlichen Eigenschaften noch unsere Charakterzüge vollständig. Warum?

Wir sind mehr als nur unsere Gene – wir sind ein Umwelt-Gene-Mix!

In Wirklichkeit sind wir nämlich viel, viel, viel mehr als nur unser genetischer Code. Wir sind auch unser »epigenetischer« Code.

Du denkst dir jetzt sicher: »epi-was?«

Der epigenetische Code, also die Epigenetik, spielt eine ganz entscheidende Rolle für die Fragen: »Wer bin ich eigentlich? Und warum überhaupt?« In der Biologie wird alles, was von außen auf uns wirkt, das heißt, nicht von uns selbst und unserem Inneren herauskommt, »Epigenese« genannt. Und tatsächlich sind wir alle stark von dem beeinflusst, was uns umgibt, unserer Umwelt also. Das heißt, von unseren Erlebnissen und von den Bekanntschaften, die wir machen. Auch unsere Erinnerungen, Gespräche und Sinneseindrücke wie Gerüche und alles, was wir sehen, berühren und schmecken, beeinflusst uns. Aber eben auch alle Schicksalsschläge, Gefühle und Erlerntes. All das zusammengenommen formt und verändert uns immer wieder und immerzu.

Wir sind zwar dieser riesige Zellhaufen, der von unseren Genen bestimmt wird, aber wir sind eben AUCH das Ergebnis der Einflüsse unserer Umwelt: das Haus, in dem wir aufwachsen, der Freundeskreis, mit dem wir abhängen, die Gefühle, die wir

RANDWISSEN:

Epigenetik wird auch gerne als der »zweite Code« bezeichnet. Denn lange wurde in der Wissenschaft angenommen, dass alles, was uns ausmacht, in unseren Genen drinsteht. Mittlerweile wird immer klarer, in den Genen steht nicht die ganze Wahrheit. Es gibt eine zweite Ebene der biologischen Information, und die heißt »Epigenetik«. Der »erste Code« ist also die Genetik und der »zweite Code« die Epigenetik.

spüren. Deswegen sprechen Wissenschaftlerinnen und Wissenschaftler nicht nur von Genen, sondern auch von Epigenen. Denn die Umwelt beeinflusst nicht nur, wie wir so ticken, sondern auch unser Erbgut.

Epigenetik ist die Zusammensetzung der Wörter »Genetik« und »Epigenese«. Genetik ist sozusagen die Geschichte mit den Eltern, Großeltern, Urgroßeltern und so weiter, also eine Art Vererbungslehre. Die Epigenese beschäftigt sich dagegen mit der Entwicklung eines Lebewesens NACH seiner Geburt und mit allem, was auf es einwirkt und dadurch entsteht – mit seiner Umwelt also. Epigenetik gilt als die Verbindung zwischen Umwelteinflüssen und Genen.

Doch das ist noch nicht alles. Wenn wir unsere Gene von unseren Eltern und Großeltern und so weiter erben, dann doch eigentlich auch unsere Epigene. Das wiederum bedeutet, dass sich der Einfluss der Umwelt auf unser Ich noch weiter zurückführen lässt. Wir sind also nicht nur die Summe vieler Urzeitmenschen, sondern auch das Ergebnis der Umwelt unserer Vorfahren. Dazu gehört auch das, was unsere Mutter oder unser Vater erlebt haben, was unsere Großeltern gefühlt haben, was vielleicht unsere Urgroßeltern gegessen haben, was unsere Ururgroßeltern erfunden haben und so weiter. Klar, wenn die Epigene genauso wie die Gene, also das Erbgut, an die Nachkommen weitergegeben werden.

Wie weit das wirklich zurückgehen kann, weiß man momentan nicht so genau. Aber man weiß: Auch wenn es nicht unsere eigenen Erfahrungen sind, können sie auf uns übertragen werden und uns mitprägen. Ganz gleich, ob es positive oder negative Erfahrungen waren.

Moment mal – das heißt auch: Wenn wir selbst unsere Gene und unsere Epigene mit unserer DNA weitergeben, dann sind nicht nur unsere DNA, sondern auch unsere Epigene unsterblich. Gut kombiniert, oder?

Ein Beispiel: Mir schmecken keine Bananen, obwohl meine gesamte Familie sie liebt. Auch wenn meine Familie mich deshalb für außerordentlich komisch hält, heißt das nicht gleich, dass ich adoptiert wurde. Es kann sein, dass vielleicht jemand viel weiter zurück in meinem Stammbaum keine Bananen mochte und das dann irgendwann über mehrere Generationen auf mich übertragen hat. (Oder ... Bananen schmecken halt einfach nicht. Punkt.)

Jetzt mal Scherz beiseite – was ich damit sagen will: Weil mein Vater bei traurigen Filmen schnell weint, kann das deshalb auch bei mir so sein. Nicht weil ich mit ihm immer viele schnulzige Filme geguckt und es ihm nachgemacht habe, sondern weil er diese Gefühle über die Epigenetik auch in meinen epigenetischen Code übertragen hat. Und er es eventuell auch schon von seiner Mutter, also meiner Oma, übertragen bekommen hat.

Soll das jetzt heißen, wir können daran nichts ändern? Nein, ganz im Gegenteil!

Du kannst das Update für dein Erbgut ziehen!

Im Gegensatz zum Erbgut, dem Genom, ist das »Epigenom« nicht festgeschrieben. Wenn also grob die Hälfte von uns durch die Gene von den Eltern festgelegt ist, gibt es noch die andere Hälfte, die von allem Möglichen bestimmt wird. Unter anderem auch von den Epigenen. Und die sind eben nicht festgeschrieben. Das bedeutet, theoretisch können wir diesen Teil ändern. Unsere DNA lässt sich in ihrer Epigenetik formen und gestalten. Die Epigenetik ist der Teil unserer Biologie, den wir selbst in der Hand haben. Und immer mehr Forschungsergebnisse zeigen, dass dieser Teil viel mächtiger ist, als man noch vor wenigen Jahren glaubte.

Wir müssen uns allerdings bewusst dafür entscheiden. Dann können wir unser Verhalten und unsere Umwelt so gestalten, dass sie positiv (oder auch leider negativ) auf unseren epigenetischen Code wirken.

Mal ein Beispiel zur besseren Erklärung: Wenn du aus einer unmusikalischen Familie kommst und dich trotzdem bemühst, ein Instrument zu lernen, kann es sein, dass deine Nachkommen schon sehr viel musikalischer auf die Welt kommen. Genauso kann es aber auch mit negativen Einflüssen sein. Wenn du zum Beispiel viele schlechte Dinge zu dir genommen hast, wie schrecklicherweise Drogen, dann kannst du die Schäden, die du dir über eine lange Zeit zugefügt hast, genauso an deine Nachkommen weitergeben.

Was ich damit sagen will, ist: Unsere Bau- und Bedienungsanleitung ist also eher nicht wie ein Buch, das wir im Handschuhfach eines Autos finden, sondern wie eine App oder ein digitales

Programm, das man immer wieder updaten muss. Im Klartext heißt das: Du kannst dein Erbgut verändern – du kannst also auch dich verändern! Und das ist doch wohl eine richtig tolle Nachricht. Denn wenn du magst, kannst du dadurch eine Superheldin oder ein Superheld werden. Heißt im Prinzip ja nur, dass du deine eigenen »Superkräfte« entwickeln kannst.

Natürlich wirst du trotzdem nicht wie Superman ohne Flugzeug durch die Luft pesen oder wie Wonderwoman Steinmauern einfach so zerkloppen. Das gibt es nur in Comics oder Filmen. Aber was jeder Mensch wirklich und in echt tun kann, ist, die eigenen Gene zu steuern! Genauer gesagt: Unsere Epigene steuern unsere Gene.

Coole Sache, aber wie genau soll das funktionieren? Ich gebe zu, da haben sich schon viele schlaue Menschen den Kopf zerbrochen. Es ist einfacher gesagt oder geschrieben als getan.

Ich kann dir leider auch keine exakte Anleitung geben, wie das funktioniert. Aber lass uns doch gemeinsam über eine persönliche eigene Lösung fantasieren.

Fassen wir zusammen, was wir bis hierhin haben und was das genau bedeutet:

✓ Unsere DNA, damit auch unsere Gene, lassen sich nicht einfach so verändern.

✓ Unsere Epigene lassen sich verändern.

Auch wenn unsere Epigene sich verändern lassen, brauchen sie unsere Gene. Und unsere Gene brauchen, auch wenn sie sich nicht verändern lassen, unsere Epigene. Denn die Gene geben den Epigenen vor, in welchem Raum diese sich verändern können. Ohne die Gene wüssten die Epigene gar nicht, wozu sie überhaupt da sind und was sie tun sollen.

Die Epigene wiederum geben den Genen vor, für was sie überhaupt zuständig sind. Denn die Epigene können die Gene lesen und dann einem Gen in einer Haarzelle sagen: »Du bist übrigens dafür zuständig, dass das Haar hier wächst, und zwar in lockig und blond.« – Zum Beispiel.

Gene und Epigene sind wie diese beiden hier. Ein blinder Mensch und sein Blindenhund. Sie brauchen sich gegenseitig und können nicht ohne einander.

Die Bau- und Bedienungsanleitung gibt die Regeln vor

Die Möglichkeiten, unsere Gene zu verändern und uns unsere eigenen persönlichen Superkräfte zu erschaffen, sind also begrenzt. Die Grenzen setzen unsere Gene, die in unserer DNA festgelegt sind. Wenn wir noch mal unsere Bau- und Bedienungsanleitung als App sehen, wären das Sachen wie: So ist die App aufgebaut, das steht in der App drin, das kann man mit der App machen. Das Update für die App, das Neuerungen mitbringt, wie

schicke Schriftarten, neue Farben oder neue Charaktere, DAS können wir für uns persönlich und ganz individuell gestalten.

Vielleicht warst du schon mal in einer Bowlinghalle und hast Bowling gespielt. Dann stell dir vor, die Epigenetik ist die Bowlingbahn. Du kannst jetzt beeinflussen, wie du die Bowlingkugel auf die Bahn wirfst und sie sich dann entsprechend über die

Bahn bewegen wird. Du kannst sie allerdings nicht irgendwo hinwerfen, denn deine Bowlingbahn hat als Sicherheitsbegrenzungen kleine Mauern an der Seite. Die Bowlingkugel kann sich zwar auf der Bowlingbahn innerhalb dieser Begrenzungen bewegen, sie kann aber nicht einfach auf eine komplett andere Bahn hüpfen. Wenn also die Epigene deine Bowlingbahn sind, ist deine DNA wie die Sicherheitsbegrenzungen der Bowlingbahn. Sie sorgt dafür, dass es einen festgelegten Raum gibt, innerhalb dessen wir unsere Gene steuern können.

Oder denken wir an unsere Blätter aus dem Buch von vorhin: Wenn Mauri und ich entscheiden, was wir auf das leere Blatt schreiben und zeichnen, ist das die Grundlage. Du kannst dann noch die Lücken oder dafür vorgesehene Stellen im Buch nach deinen Vorstellungen gestalten, mit deinen eigenen Worten und Bildern. Noch dazu ist jede einzelne Seite an ihren Rändern begrenzt. Wenn du also über die Seitengrenze hinaus malen und schreiben solltest, würdest du auf einen Tisch, Boden, dein Bett oder euer Sofa kritzeln. Das wäre ja doof, denn zum einen sind dann der Tisch oder das Sofa angekritzelt, und das gibt vielleicht Ärger. Zum anderen, und das ist noch viel doofer, stehen deine tollen Gedanken und kreativen Ideen nicht mehr im Buch.

Es gibt also einen Spielraum, der nur uns ganz allein gehört. Völlig egal, was unsere Vorfahren uns mitgegeben haben. Innerhalb dieses Spielraums und aus ihm können wir machen, was wir wollen und was uns gefällt. Das ist quasi unser persönlicher Superheldinnen- oder Superhelden-Raum.

Wie geht das jetzt mit den eigenen Superkräften?

Den ersten Schritt, um deine eigenen Superkräfte zu entwickeln, hast du hiermit schon getan. Super! Denn um unsere Gene zu steuern, müssen wir ja zunächst einmal wissen, WAS überhaupt geht. Also hast du mit dem Lesen dieses Buches bis hierhin das schon mal erfahren und weißt, dass es Epigenetik gibt und dass man damit sein eigenes Ich verändern kann. Topp.

Als Nächstes möchte ich dir sagen:

Du denkst dir jetzt vielleicht: Was soll das Geschleime? Was ich eigentlich meine: Nimm deine Gene so an, wie sie sind. Sie sind nämlich mutmaßlich dafür verantwortlich, welche Haut- oder Haarfarbe du hast, ob deine Nase kurz oder lang ist, deine Augen hell oder dunkel oder wie du körperlich gebaut bist. Aber auch, ob du prinzipiell ein gemütlicher oder ein sportlicher Typ bist, ob du eher schüchtern bist oder gerne im Mittelpunkt stehst. Sie sind der ganze Ursprung deines wunderbaren Ichs. Und – die Gene lassen sich nicht auswechseln. Aber sie bilden die Grundlage, auf der du sie durch deine Epigene steuern und formen kannst.

Ein sehr einfach zu verstehendes Beispiel sind unsere Muskeln, oder genauer gesagt, unsere Muskelzellen. Du kannst zwar nicht bestimmen, ob du allgemein besonders stark bist, denn das ist durch deine Gene festgelegt. Es steht in deiner Bau- und Bedienungsanleitung schon fest drin. Aber ob du dich jeden Tag viel bewegst, das vielleicht auch gerne tust und viel Kraftsport machst, kannst ja ganz alleine du bestimmen. Du kannst es steuern. Du kannst ja selbst entscheiden, wie du dich so den lieben Tag lang beschäftigen magst. Und wenn du dich viel bewegst, kann das deine Muskelzellen verändern. Sie lernen dadurch, immer stärker zu werden.

Hast du durch viel Sport dein Leben lang stärkere Muskelzellen, kannst du deine starken Muskelzellen an deine Kinder bereits bei deren Zeugung weitervererben. Mega, oder? Bedeutet, dass du mit deiner eigenen Entscheidung, dich viel zu bewegen, »superkräftige« Muskeln entwickelt hast, die du dann wiederum an deine Kinder einfach so als Geschenk weitergeben kannst.

Spinnen wir das gemeinsam weiter und überlegen, wie das ist, wenn das für alle Bereiche von uns gilt und nicht nur für unsere Muskeln. Wenn du also entscheidest, du singst jeden Tag gerne und viel und wirst darin immer besser, kannst du deine Stimmbandzellen so verändern, dass du später vielleicht kleine Opernsängerinnen oder Musicalsänger auf die Welt bringst.

Na, wenn das mal keine eigene Superkraft ist! Was wäre denn deine liebste?

Deine Superkräfte

Male oder gestalte dich als Superheldin oder Superheld – wie siehst du aus und welche Superkräfte hast du?

Achtung, hier kommt Super- ______________________________ !

Mein Hobby ist ______________________________ , deswegen sollten sich meine Feinde in Acht nehmen vor meinen gefährlichen ______________________________ .

Mein Outfit ist

______________________________ ,

und ich sehe großartig darin aus.

Mein treuer Gefährte kann

______________________________ ,

genau wie mein Lieblingstier!

Und meine Superkraft ist

______________________________ .

So sehe ich als Superheldin, als Superheld aus:

Kapitel 4

Ja, sind wir denn hier im Kindergarten?

Um der Frage »Wer bin ich eigentlich?« noch ein bisschen mehr auf den Grund zu gehen, lass uns einen kleinen Ausflug in unsere Umwelt machen. Lass uns herausfinden, was alles zu dieser unserer Umwelt gehört. Denn sie prägt ja unser Ich enorm.

Die Umwelt: Das ist alles, womit wir während unseres gesamten Lebens in Kontakt kommen – was wir essen, was wir fühlen, was wir lernen. Orte, an denen wir aufwachsen oder die wir besuchen. Welchen und wie viel Sport wir so machen, ob wir vegan essen oder ganz viel Junkfood. Ob wir in einer Stadt aufwachsen, wo es viel Lärm und Verschmutzung gibt, aber auch tolle Museen und coole Theater, oder auf einer einsamen Berghütte, wo wir den ganzen Tag draußen sind, Kühe hüten und kein Internet haben – unser gesamter Lebensstil eben.

Unsere Umwelt ist aber auch unser soziales Umfeld – die Menschen, mit denen wir aufwachsen, und die Menschen, denen wir im Laufe unseres Lebens begegnen –, unsere Familie, unsere Freunde und Bekannte, Lehrerinnen und Lehrer oder Trainerinnen und Trainer. Ebenso stellen die verschiedenen Kulturen, Traditionen und Religionen einen wichtigen Teil unserer Umwelt dar. All diese Einflüsse zusammengenommen wirken sich auf unser Ich aus.

Ein Beispiel von mir: Meine Mutter kommt aus Brasilien, dem größten südamerikanischen Land und dem einzigen, in dem man Portugiesisch statt Spanisch spricht. Mein Vater wiederum kommt aus Israel und ist Jude. Das Judentum ist sowohl eine Religion als auch eine Kultur. Ich wurde dann als Kind dieser beiden in Deutschland geboren. Da ich aber nicht mit meinem leiblichen Vater aufgewachsen bin, sondern mit meinem Bonus-Papa aus Deutschland, war die jüdische Kultur nicht so wirklich Teil meiner Umwelt.

Als ich ein Kind war, habe ich mit meiner Mutter einige Jahre in Brasilien gelebt und bin dort auch zur Schule gegangen. Mein

soziales Umfeld besteht daher vor allem aus deutschen und brasilianischen Traditionen. Ich hatte deutsche und brasilianische Lehrer und Lehrerinnen und konnte von Kind an Deutsch und Portugiesisch sprechen. Trotzdem gehören Israel und das Judentum auch ein bisschen zu mir. Diese ganzen Einflüsse während meines gesamten Lebens gehören alle zu mir und machen, dass ich heute so bin, wie ich bin. So habe ich mich bis jetzt kennengelernt und habe das heute für mich verstanden.

Sicherlich hast du auch schon mal eine andere Sprache gehört oder sprichst sogar selber mehrere Sprachen. Meistens steckt hinter einer weiteren Sprache zusätzlich eine weitere Kultur und damit auch Traditionen oder auch Religionen. Feste zeigen das immer sehr gut. Hast du schon mal überlegt, woher es zum Beispiel kommt, dass wir Ostern oder auch Weihnachten feiern? Das hat etwas mit der Religion Christentum zu tun. Menschen aus anderen Religionen feiern deshalb nicht unbedingt Weihnachten oder Ostern, dafür aber andere Feste. Es gibt aber auch Feste, die nicht aus religiösen, sondern aus kulturellen Gründen gefeiert werden.

Ich zum Beispiel gehöre gar keiner Religion an, aber Weihnachten wird in meiner Familie trotzdem gefeiert. Warum? Das hat in unserem Fall mit der Umwelt zu tun, in der ich lebe. Ich bin ja in Ländern aufgewachsen, in denen die meisten Menschen Weihnachten feiern (Deutschland und Brasilien) – also haben wir das in meiner Familie auch jedes Jahr gemacht. Dass wir Weihnachten feiern, hat bei uns daher weniger einen religiösen Hintergrund, sondern eher einen kulturellen.

Um es noch deutlicher zu machen, schauen wir uns doch gemeinsam ein weiteres, vielleicht nicht ganz so bekanntes Fest an.

Ein Universalbeispiel: Das Erntedankfest gibt's fast überall, doch überall ein wenig anders

Ein Beispiel für eine Tradition, die es in vielen verschiedenen Ländern, Kulturen und Religionen gibt, ist das »Erntedankfest«. Es wird allerdings nicht überall gleich genannt oder gefeiert. Trotzdem ist es ein Fest, das viele Menschen auf der Welt feiern, obwohl sie an ganz unterschiedlichen Orten leben, unterschiedliche Sprachen sprechen, an unterschiedliche Dinge glauben – kurz gesagt: eine unterschiedliche Umwelt haben. Doch so ein Fest zeigt vielleicht, dass wir uns alle irgendwo in unserem Ursprung ähnlich sind.

Denn das Erntedankfest steht in erster Linie als Symbol der Dankbarkeit für eine reiche Ernte. Okay, das hast du dir bei dem Namen bestimmt schon gedacht. Deswegen wird es meist im Herbst gefeiert, wenn die Ernte erfolgreich abgeschlossen ist. Es stammt aus dem Christentum und soll vor allem Gott gegenüber Dankbarkeit für die reiche Ernte zeigen. Evangelische und katholische Christen einigten sich irgendwann darauf, das Erntedankfest immer am ersten Sonntag im Oktober zu feiern.

Bei uns in Deutschland werden zum Beispiel zum Erntedankfest im Herbst häufig kleine Straßenfeste veranstaltet und oft kann man da auch Zwiebelkuchen essen. Wer es mag. Was aber in Deutschland auch zum Erntedankfest gehört und für alle, die zur Schule gehen, besonders wichtig ist, sind die Herbstferien.

Woosh »

eine kurze Zeitreise

Ferien sind ja immer toll. Doch die Herbstferien hatten in Deutschland vor rund 50 Jahren noch den Namen »Kartoffelferien«. Das ist kein Scherz. Ich ver-(Erd)äppel dich wirklich nicht! Und diese Kartoffelferien waren bei Weitem nicht so spaßig, wie Ferien heute so sind.

In früheren Zeiten waren Nahrungsmittel oft knapp und dementsprechend durfte bei der Ernte nichts verloren gehen. Eines der wichtigsten Lebensmittel waren und sind damals wie heute Kartoffeln. Kartoffeln sind gesund, sättigen und lassen sich bei uns gut anbauen. Nicht zu vergessen, dass Kartoffeln zu den Lebensmitteln gehören, die sich sehr gut und unkompliziert über einen längeren Zeitraum aufbewahren lassen. Insbesondere früher halfen die Erdäpfel den Menschen, in schweren Zeiten gut über den Winter zu kommen.

Das Einsammeln der Kartoffeln wurde früher noch per Hand vorgenommen und war eine sehr anstrengende Arbeit. Erst gegen Ende des 19. Jahrhunderts kam langsam der Kartoffelroder zum Einsatz, der die Kartoffeln aus der Erde schleuderte, sodass sie nur noch eingesammelt werden mussten. Viele Kleinbauern und -bäuerinnen konnten sich jedoch keinen Kartoffelroder leisten und mussten die Erdäpfel weiter per Hand einsammeln. Daher war zur Erntezeit jede Hand gefragt, damit die wertvollen Knollen rechtzeitig aus der Erde kamen. So kam es zu der Bezeichnung »Kartoffelferien«.

Auch die Kinder erhielten während der Kartoffelernte im Herbst Ferien von der Schule. Dafür waren sie viele Stunden am Tag auf dem Feld und halfen mit, die Erdäpfel einzusammeln. Nach der anstrengenden Arbeit bei Wind und Wetter war vermutlich so manches Kind froh, wenn die »Ferien« vorbei waren.

In den USA wird auch Thanksgiving – das bedeutet auf Deutsch »Danksagung« – gefeiert. Allerdings ganz anders als in Europa. Dort ist es das wichtigste Familienfest im Jahr, noch wichtiger als Weihnachten und sogar ein staatlicher Feiertag. Der Thanksgiving Day ist am vierten Donnerstag im November. Das Fest erinnert an das erste Erntedankfest der Pilgerväter und ist damit sehr eng an die Geschichte der USA geknüpft. Traditionell wird dazu im Familienkreis ein Truthahn aufgetischt. Anders als das häufig im Fernsehen oder anderen Medien gezeigt wird, ist Thanksgiving aber nicht einfach die amerikanische Version des Erntedankfestes, sondern es ist – zumindest in den USA – ein

Dankfest für alles Gute und allen Erfolg, den man im Leben erfährt.

Auch in Japan gibt es ein Erntedankfest, genannt Niiname-sai. Da eine der meistverbreiteten Religionen in Japan der Shintoismus ist, wird das Erntedankfest dort wieder vor einem ganz anderen Hintergrund gefeiert. Der Shintoismus ist eine Naturreligion, bei der die Menschen an mehrere einheimische Götter Japans unter anderem als Naturkräfte glauben. Deswegen lässt sich das Erntedankfest auf ein altes kaiserliches Fest zurückführen, bei welchem den Göttern durch den Kaiser frisch geernteter Reis geopfert wird.

Im Judentum werden jedes Jahr sogar zwei Erntedankfeste gefeiert. Wenn im Mai oder Juni in Israel der erste Weizen geerntet wird, begehen sie Schawuot – das ist hebräisch und bedeutet so viel wie »Wochenfest«, woraus im Christentum das Pfingstfest wurde. Und dann noch mal im Herbst das siebentägige Laubhüttenfest Sukkot. Das erinnert an den Auszug aus Ägypten, bei dem die Israeliten in Hütten aus Zweigen wohnten. Heute baut man die als Sukka bezeichneten Hütten nach und schmückt sie mit geernteten Lebensmitteln.

Im Islam gibt es den Fastenmonat namens Ramadan. In dieser Zeit beschäftigen sich die Moslems mit der Schöpfung und Gnade Gottes. Das große Ramadanfest kann mit dem christlichen Erntedankfest verglichen werden.

Auch wenn es unterschiedlich gefeiert wird, steht im Mittelpunkt des Erntedankfests überall die Wertschätzung für Nahrung und Essen. Feldfrüchte ernten müssen alle Menschen auf der ganzen Welt, egal wo sie leben und welcher Religion sie angehören.

Du siehst also: Auf der ganzen Welt wirken ähnliche Einflüsse auf uns. Wir nehmen sie auf, entsprechend unserer Herkunft oder der Herkunft unserer Familie, unserer Religion oder Kultur oder der Traditionen des Landes, in dem wir leben. Und daraus entsteht dann zum Beispiel so was wie das Erntedankfest oder Thanksgiving oder Shawuot, Niiname-sai oder Ramadan.

Das alles formt uns Menschen auf eine ähnliche Art und Weise, wenn auch immer ein bisschen anders. Denn die Einflüsse, die wir so im Laufe unseres Lebens bekommen, sind nie gleich. Egal ob sie von unserer Familie stammen, unserem Freundeskreis, unserem Kindergarten, der Schule oder der Arbeit, ob von den Ländern, den Traditionen und Kulturen, in denen wir leben und vielem mehr. All diese Einflüsse müssen wir mit einbeziehen in unser Ich und die Frage: »Wer bin ich eigentlich und warum überhaupt?«. Denn all diese Einflüsse zusammen ergeben für jeden einzelnen Menschen sein oder ihr soziales Umfeld.

Wie knüpfen wir unser eigenes Denk- und Gefühlsmuster?

Psychologinnen und Soziologen beschäftigen sich sehr viel und schon sehr lange mit dem sozialen Umfeld, das wir alle haben, und wie und warum es so viel von dem ausmacht, wer und wie wir eigentlich sind. Dabei haben sie unter vielen anderen sehr schlauen und komplizierten Dingen die so genannten Sozialisationsphasen von Menschen definiert.

So-zia-li-sa-tions-phasen. Das klingt erst einmal total dröge und langweilig. Eben genau nach etwas, was sich schlaue und komplizierte Köpfe überlegt haben. Aber es ist wirklich ganz und gar nicht langweilig und dröge. Wenn du ein bisschen verstehst, was dahintersteckt, wird es dich vom Hocker hauen. Also leg dich besser hin.

Denn jede und jeder von uns wird diese Phasen bei sich finden – versprochen! Außerdem helfen uns die Sozialisationsphasen sehr, uns selbst besser zu verstehen und kennenzulernen. Denn sie haben ganz viel mit unserem Selbstverständnis und unserem Weltverständnis zu tun.

Ganz wichtig hierbei ist, dass du diese Phasen nicht als starr und festgeschrieben verstehst. Es sind eher einzelne Abschnitte und Stufen, während wir uns entwickeln. Das heißt, eine Phase ist nichts, was für immer so bleibt. Sondern sie hat stets einen Anfang und auch ein Ende – bis die nächste Phase kommt. Die Phasen können in unserem Leben auch ineinandergreifen oder verschwimmen oder sogar in einer total anderen Reihenfolge ablaufen.

Diese Phasen sind also ein Versuch von vielen Wissenschaftlerinnen und Wissenschaftlern, der so komplizierten Frage »Wer ist dieses Ich? Und warum ist es so, wie es ist?« ein bisschen näher zu kommen und Dinge etwas einfacher darzustellen. Schließlich lohnt es sich doch, dass sich eine so dufte Person wie du selbst besser kennenlernt. Das kann nur gut werden!

So, genug erklärt. Was steckt nun hinter diesen mysteriösen Sozialisationsphasen?

Sozialisationsphase I (primäre Sozialisation):

In dieser Phase deines Lebens geht es um all die Dinge, die du innerhalb deiner Familie so mitbekommst. Deine Familie ist zu dieser Zeit das Allerwichtigste. Besonders das, was deine Mutter und dein Vater dir geben und beibringen. Deshalb steht diese Phase meistens ganz am Anfang des Lebens: quasi ab dem Moment, in dem du als Baby auf die Welt kommst.

Logisch, so ein Baby spaziert ja noch nicht viel umher und trifft kaum andere Menschen als Mama, Papa und die Geschwister, die mit ihm in einem Haus wohnen. Aber in dieser Anfangszeit des Lebens lernst du unfassbar viel. Ganz wichtig ist das Sprechen und Testen deiner körperlichen Eigenschaften. Wie kräftig bist du, wie schnell, wie beweglich oder geschickt? Du übst, deinen Körper zu kennen und zu beherrschen. Außerdem nimmst du auch hier schon ein paar Angewohnheiten an, wie du dich in bestimmten Situationen verhalten sollst.

Bei mir war das mit dem Sprechen anfangs nicht so einfach. Da ich seit meiner Geburt schon immer zwei Sprachen gehört habe – Portugiesisch und Deutsch –, habe ich häufig erst mal Wörter vertauscht oder zusammengemischt. Zum Beispiel liebte ich Weintrauben und die heißen auf Portugiesisch »uva«. Da ich im Kindergarten oft frech war, sagten meine deutschen Erzieherinnen häufig in meine Richtung: »O-weia!« Also kam es hin und wieder vor, dass ich meine Mutter bat, mir ein paar »O-weias« zum Essen zu geben.

Faszinierend in dieser Phase ist, dass du so viele Dinge beigebracht bekommst, die du später für ganz selbstverständlich hältst. Du verhältst dich später von selbst so, ohne das jemals infrage zu stellen. Dieser Prozess läuft also ganz automatisch in deinem Unterbewusstsein ab. Das ist von unserem Gehirn auch so gewollt, denn bestimmte Verhaltensweisen helfen dabei, dass du dich in deine Umwelt einfügst. Du wirst dadurch ein Teil der Gesellschaft und des Kulturkreises, in dem du lebst. Du gehörst somit leichter dazu. Es ist dadurch aber auch sehr unwahrscheinlich, dass du diesen Kreis und die Gesellschaft jemals wieder verlässt.

Hast du zum Beispiel schon mal darüber nachgedacht, wieso eigentlich niemand im Pyjama und mit Kuscheldecke in die Schule geht? Abgesehen davon, dass der Unterricht manchmal echt zum Schnarchen ist, sitzen wir da doch eigentlich nur lange rum, müssen aufmerksam zuhören und dürfen im Unterricht nicht herumtoben. Da wäre eine gemütliche Kleidung wie ein Pyjama und eine Decke zum Einwickeln doch eigentlich passend. Hmm ... macht aber keiner. Warum? Weil wir beigebracht bekommen, dass der Pyjama angezogen wird, wenn wir ins Bett gehen, und wieder ausgezogen, wenn wir das Haus verlassen. Ganz klar.

Aber wieso sollen wir überhaupt was anziehen? Wir könnten doch auch einfach nackig ins Bett gehen und auch aus dem Haus – außer natürlich, es ist sehr kalt. Macht aber eben keiner.

Na ja, fast keiner. Die Yanomami schon. Das ist eine indigene Volksgruppe, die an der Grenze von Brasilien zu Venezuela lebt, und die tragen traditionell einfach keine Kleidung. Sie leben sehr isoliert im schwer zugänglichen Regenwald und haben daher kaum äußerliche Einflüsse. Ihre Umwelt ist also sehr verschieden von unserer. Sie haben nie gelernt, dass man Kleidung anziehen soll, wenn man aus dem Haus geht. Und unter uns, sie haben auch einfach nie Kleidung gebraucht.

Noch mal zusammengefasst heißt das ...

Je nachdem, in welchem Land, in welcher Kultur und in welchem sozialen Umfeld wir geboren werden, verhalten wir uns so oder so. Viele Verhaltensweisen werden uns so früh beigebracht, dass sie für uns ganz normal sind. Außerdem gibt es uns auch ein schönes Gefühl, zu einer Gruppe dazuzugehören, in der alle ähnlich sind, ähnliche Sachen mögen und machen und sich ähnlich verhalten. Denn so fühlen wir uns seltener allein.

Sozialisationsphase II (sekundäre Sozialisation):

Vielleicht haben deine Eltern, als du so sechs oder sieben Jahre alt warst, mal in einer bestimmten Situation zu dir gesagt: »Ja, sind wir hier im Kindergarten?« Weißt du, was – du hättest antworten können: »Äh ja, nicht mehr, aber auch!« Denn genau darum geht es: Im Kindergarten, in der Schule oder durch andere Gruppen, wie zum Beispiel einen Verein, kommen in der sekundären Sozialisationsphase ganz viele neue Umwelteinflüsse auf dich zu, vor allem Einflüsse außerhalb deiner Familie. Und das ist für die Entdeckung deines Ichs supergut und wichtig!

In dieser Phase sind es besonders die gleichaltrigen Menschen, die dich prägen. Aber auch Fernsehen, Internet und Radio und überhaupt alle Medien, die du dir so reinziehst, beeinflussen dich noch mal ganz persönlich und individuell.

Gut und wichtig ist das vor allem, weil du in dieser Zeit auch die Chance hast, mit ganz unterschiedlichen Menschen in Kontakt zu kommen. Die wachsen vielleicht sehr anders auf als du und ihre Familien sind ganz anders als deine eigene.

Solche Einflüsse können das eigene Ich auch verändern – und vor allem vielseitiger machen.

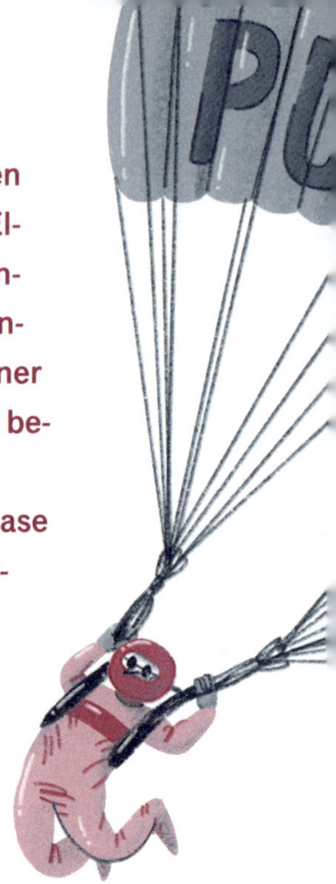

Vielleicht lernst du durch die Menschen, mit denen du zusammenkommst, Dinge kennen, die deine Eltern und Geschwister so nicht kannten. Diese Einflüsse nimmst du dann gerne als deine ganz persönlichen Eigenschaften auf, die dich bewusst von deiner Herkunft und Familie unterscheiden. Schon hier beginnst du also, dein eigenes Ich mitzuformen.

Ein Beispiel aus meiner zweiten Sozialisationsphase ist der absolut beste Trick, Schluckauf loszuwerden: Meine damals beste Freundin lebte alleine mit ihrer Mama, die Buddhistin ist und sehr spirituell. Für sie war es sehr wichtig, auf die Signale des Körpers zu achten und darauf, dass alles im Gleichgewicht bleibt. Ich hatte früher häufiger Schluckauf, der auch wirklich schwer wegzubekommen war. Was ich auch probiert habe, Luft anhalten oder dass mich jemand erschreckt, es half alles nichts. Bis mir die Mama meiner Freundin beibrachte, wie man falsch rum trinkt! Wirklich – das hat sofort funktioniert und stoppt meinen Schluckauf augenblicklich, bis heute. Das ist etwas, was ich zu meiner Angewohnheit gemacht habe und das mir nicht von meiner eigenen Familie beigebracht wurde.

Du fragst dich jetzt sicherlich, wie man falsch rum trinkt? Wenn wir uns mal sehen, zeige ich es dir, und auch meinen komischen kleinen Finger.

In dieser zweiten Sozialisationsphase geht es nicht nur um andere Menschen außerhalb deiner

Familie, die dich beeinflussen. Sondern auch um die Entdeckung deiner eigenen Persönlichkeit – und immer noch deines Körpers, aber diesmal geht es einige Stufen weiter: Jetzt entdeckst du, wie du dich in deinem eigenen Körper wahrnimmst. Für welches Geschlecht du eventuell auch romantische Gefühle entwickelst und zu welchem du dich körperlich hingezogen fühlst. Und es ist die Phase, in der für dich besonders alle Menschen in deinem Alter im Mittelpunkt stehen. Denn sie machen ja gerade das Gleiche durch wie du.

Deshalb stellen wir in dieser Zeit viele Werte, Regeln, aber auch Angewohnheiten, die wir von unserer Familie »schon immer« so beigebracht bekommen haben, auf den Prüfstand. Wir hinterfragen plötzlich vieles, was wir bis zu diesem Punkt für selbstverständlich hielten. Wir testen Grenzen aus und ziehen vielleicht auch selbst welche.

Vielleicht ist dir schon mal aufgefallen, dass du an der einen oder anderen Stelle Dinge, die deine Familie tut, auf einmal irgendwie doof findest. Oder dass Themen, über die ihr früher gerne gesprochen habt, dich plötzlich langweilen oder sogar nerven. Solche Gefühle entwickelst du nicht nur Sachen gegenüber, die deine Familie betreffen. Oft ist es so, dass dich vieles auf einmal anödet, was du selbst eigentlich immer cool fandst: Deine allerliebste Serie kommt dir plötzlich voll kindisch vor, die früher so leckeren Nudeln mit Tomatensoße schmecken fad und so weiter.

Keine Sorge, du bekommst in dieser Zeit nicht plötzlich andere Augen, Ohren oder einen anderen Geschmackssinn – obwohl, der verändert sich schon ein bisschen. Du bekommst vor allem ein etwas verändertes Gehirn. Es wird mehr oder weniger aufgemotzt und »getunt«. Die intensivste Phase dieser Veränderungen heißt »Pubertät« und ist in der Regel ein extrem wichtiger Teil der zweiten Sozialisationsphase. »Pubertät« ist der Name für diese komische Zeit, in der man nicht so richtig weiß, ob man noch ein Kind ist oder schon erwachsen. Ätzend, aber auch megaspannend und aufregend zugleich.

Durch die Pubertät wurschteln wir uns nachher noch ein bisschen mehr. Wenn du jetzt schon neugierig bist, dann auf zu Seite 83. Aber nicht die Sozialisationsphase III vergessen – sie wartet solange hier auf dich.

Sozialisationsphase III (tertiäre Sozialisation):

Was passiert eigentlich nach der Pubertät? Wenn du schon ganz viel Neues über dich erfahren und vieles ausprobiert hast, was durch die Umwelt auf dich zugekommen ist? Wie geht es dann mit deiner Gedanken- und Gefühlswelt und deiner Entwicklung weiter?

Dann schlägt die tertiäre Sozialisationsphase zu. Denn sie schließt sich an die Pubertät an. Die tertiäre Sozialisationsphase beschreibt die Zeit vom Erwachsenenalter bis zum Ende des Lebens eines Menschen. Die Umwelteinflüsse, die hier auf dich wirken, stammen hauptsächlich von deiner Arbeit, deinen Kolleginnen und Kollegen und weiterhin deinem Freundeskreis. Außerdem von Vereinen, in denen du tätig bist, oder von der Politik, falls du politisch aktiv bist. Aber auch weiterhin von den Medien, die du konsumierst, von den Filmen, Serien, Sendungen, die du guckst. Podcasts, Radiosendungen oder Hörbücher, die du hörst, oder auch Bücher, Zeitungen und Magazine, die du gerne liest, prägen dich weiter.

Das Besondere in dieser Phase ist allerdings, dass deine Werte, Angewohnheiten – eben der ganze Kern, wie du tickst, bereits gefestigt sind. Komplett Neues kommt nicht mehr hinzu. Es ist auch eher unwahrscheinlich (und schwierig), dass du dich in dieser Zeit in deinem Verhalten und Denken noch ganz grundlegend

veränderst. Dein Ich ist hier schon ziemlich deutlich und abgeschlossen.

Wenn du bis zu dieser Phase zum Beispiel gemerkt hast, dass du Katzen gar nicht so gerne magst und viel mehr ein Hundemensch bist, dann wird sich das wahrscheinlich kaum noch verändern. Klar kannst du auch Katzen kennenlernen, die du dann doch süß und sympathisch findest, aber es ist eher unwahrscheinlich, dass du irgendwann so ganz grundsätzlich Katzen doch mehr magst als Hunde.

Vielleicht noch ein tiefergreifendes Beispiel: Wenn du bis zu dieser Phase gemerkt hast, dass du Gewalt komplett ablehnst, ist es sehr unwahrscheinlich, dass du dich dann noch zu einer wirklich gewalttätigen Person entwickelst. Kann natürlich auch leider andersrum sein. Ein Mensch, der bis zu dieser Phase sehr zu Gewalt geneigt hat, wird sich kaum zu einer vollkommen friedlichen Person entwickeln können.

Spannend ist, dass Wissenschaftlerinnen und Wissenschaftler beobachten, dass wir in dieser Phase sehr häufig auch wieder anfangen, wie unsere Familie zu ticken und uns zu verhalten. Wenn wir zum Beispiel selber Kinder haben, verhalten wir uns sehr häufig genauso, wie sich unsere Eltern verhalten haben. Natürlich machen wir das oft, ohne es zu bemerken. Also kommt dieses Verhalten auch in dieser Phase eher aus unserem Unterbewusstsein. Hin und wieder aber merken wir es dann auch, und manchmal führt das zu einem kleinen Schreck. Vielleicht hast du das schon mal bei deinen Eltern bemerkt. Dass deine Mutter plötzlich sagt: »Ui, jetzt hab ich genau das gesagt, was die Oma immer sagt.« Oder dass dein Vater, genau wie dein Opa, morgens erst mal alle Lichter in der Wohnung anmacht, bevor er aufs Klo geht.

So wird die Brücke von den Genen zu unserer Umwelt gebaut

Bestimmt fragst du dich jetzt: Was soll der ganze Quatsch mit diesen Sozialisationsphasen I und II, wenn wir am Ende doch wie unsere Eltern sind? Gute Frage. Bei der Beantwortung dieser Frage landen wir wieder bei unserem genetischen und epigenetischen Code, unserer Bau- und Bedienungsanleitung. Denn sie ist auch die Grundlage für unser soziales Umfeld. Die Bau- und Bedienungsanleitung, mit der wir von Geburt an unser ganzes Leben lang herumlaufen, gibt im Prinzip schon die grobe Richtung vor, welche Menschen wir so mögen und wen eher weniger, und dass wir be-

DNA
EPIGENETIK
UMWELT

stimmten Menschen dann wahrscheinlich eher begegnen werden als anderen.

Viele Genetikerinnen und Genetiker, aber auch Psychologinnen und Psychologen sind überzeugt, dass unsere Gene zum Teil dafür verantwortlich sind, in welche Umwelt wir eintauchen. Also mit welchen Leuten wir uns so umgeben, mit wem wir gerne spielen. Welche Feste wir gerne feiern. Welche Ausflüge wir mehr oder weniger mögen oder wie unsere morgendlichen Rituale so aussehen.

Deutlich wurde das, als man Geschwister beobachtete, die in unterschiedlichen Familien aufwuchsen. Als man diese Geschwister dann als Erwachsene untersuchte, merkte man, dass die Geschwister, die nicht zusammen aufgewachsen waren, sich nicht stärker voneinander unterschieden als Geschwister, die gemeinsam aufgewachsen waren.

Schwups, gab es den Beweis: Nicht alleine, wie wir erzogen werden, ist bestimmend dafür, wie wir so sind. Sondern eben auch unsere Bau- und Bedienungsanleitung, in der manches schon von Anfang an festgelegt ist.

Stell dir das am besten so vor: Wenn du deine Freizeit gerne in einem Sportverein verbringst, ist es sehr wahrscheinlich, dass du eine bessere Sportlerin oder ein besserer Sportler wirst. Es ist aber gut möglich, dass du einem Sportverein von vornherein nur beigetreten bist, weil in deiner Bau- und Bedienungsanleitung bereits drinsteht, dass du eine bessere Sportlerin oder ein besserer Sportler sein kannst als andere.

Oder, um mal wieder ein Beispiel von mir zu nennen: Mir wurden als Kind sehr häufig von meinen Eltern Geschichten vorgelesen. Vielleicht lese ich deshalb bis heute wahnsinnig gerne –

weil sie es mir so beigebracht haben. Es kann aber auch sein, dass in meiner Bau- und Bedienungsanleitung schon drinstand, dass ich eine Leseratte bin und ich deshalb auch so häufig und gerne etwas vorgelesen bekommen wollte. Vielleicht hatten meine Eltern dann deshalb so viel Spaß daran. Vielleicht aber auch, weil sie selber gerne lesen und mir ihr Hobby schon vererbt haben.

Zwischen unseren Umwelteinflüssen und unseren Genen gibt es quasi eine Brücke. Diese Brücke wird aus unserer Epigenetik gebaut. Und eine Brücke kann man ja in der Regel in beide Richtungen überqueren. Bei unserer Epigenetik-Brücke hier also von den Genen zur Umwelt und von der Umwelt zu den Genen.

Spielen wir das gedanklich mal durch, dann bedeutet das: Wenn wir aufgrund unserer Gene uns schon im Unterbewusstsein die Leute aussuchen, mit denen wir so abhängen, geht das ja auch andersrum.

Was ich sagen will: Wir können uns bewusst dafür entscheiden, uns mit etwas anderen Leuten zu umgeben, als wir das aus dem Bauch heraus machen würden. Oder wir schnuppern neugierig in andere Kulturen als unsere eigene rein und lernen diese kennen. Können wir vielleicht über die Beziehungen mit und durch die Einflüsse von anderen Menschen unsere Gene wiederum bewusst steuern und sie ein wenig verändern?

Es tut also gut, sich ruhig mal etwas Neuem auszusetzen, was man nicht schon in- und auswendig kennt. Durch neue Eindrücke und Einflüsse können wir uns formen, gestalten und vor allem weiterentwickeln.

Wenn wir das tun, erweitern wir unseren Blick für Dinge und Beziehungen, die wir vielleicht gar nicht auf dem Schirm hatten. Wir bekommen dadurch die Chance, Sachen zu erleben und Menschen zu treffen, die uns wahnsinnig glücklich machen und von denen wir vorher vermutlich gar nicht wussten, dass wir sie so mögen.

Und eins steht fest: Wenn es dir in deinem sozialen Umfeld gut geht – du Dinge unternimmst, die dir Spaß machen, dich mit Leuten umgibst, die dir guttun –, ist das meist auch für deinen Körper eine Wohltat. Du kannst also nicht nur durch gesundes Essen und regelmäßigen Sport, sondern auch mit spaßigen Hobbys, schönen Erlebnissen und netten Menschen um dich herum dafür sorgen, dass es deinem Kopf und deinem Körper gut geht.

RANDWISSEN:

Kurze Zusammenfassung zu Identität, was das denn jetzt eigentlich ist.

1. Identität ist niemals festgeschrieben, sie kann sich jederzeit verändern.
2. Womit sich eine Person identifiziert, ist von vielen verschiedenen Dingen abhängig.
3. Identität führt zum einen dazu, dass man sich mit Gruppen identifiziert, die gleiche Werte und Meinungen vertreten.
4. Auch andersrum kann die Identifikation mit bestimmten Gruppen und Werten zur eigenen Identität beitragen.
5. Also … Identität ist: komplex!

Kleines Experiment – die Kopfstandmethode

Die Kopfstandmethode ist eine Technik, um deine Kreativität zu fördern. Sie löst oft Denkblockaden. Mit der Kopfstandmethode kannst du nämlich versuchen, neue Gedanken und Ideen zu bekommen, die sich von Ideen unterscheiden, die dir sonst sehr bekannt sind.

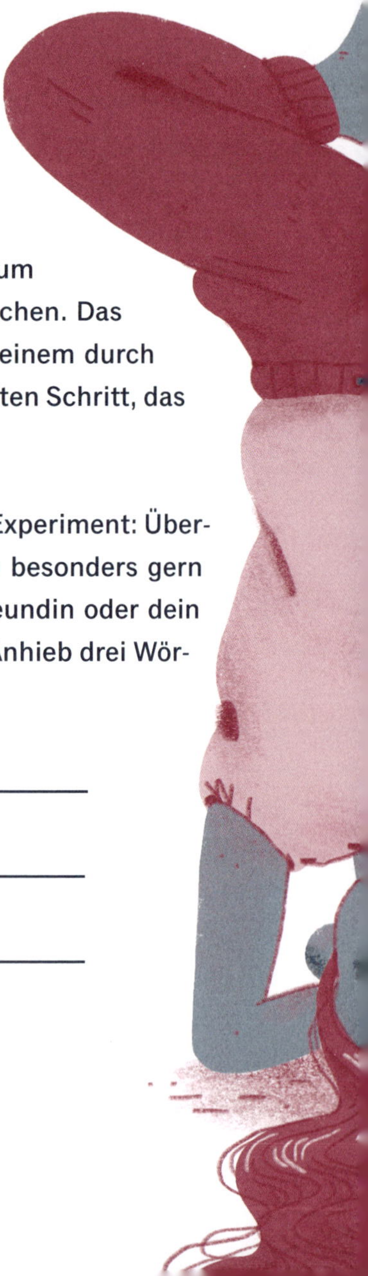

Sie heißt »Kopfstandmethode«, weil es darum geht, einen gedanklichen Kopfstand zu machen. Das heißt, man hält den ersten Gedanken, der einem durch den Kopf schießt, fest und versucht im zweiten Schritt, das Gegenteil von diesem Gedanken zu finden.

Was hältst du zum Beispiel von folgendem Experiment: Überlege doch mal, wie ist ein Mensch, den du besonders gern und lieb hast, zum Beispiel deine beste Freundin oder dein bester Freund? Vielleicht findest du ja auf Anhieb drei Wörter, die diesen Menschen beschreiben.

1. ______________________________

2. ______________________________

3. ______________________________

Hast du? Okay, super.

Und jetzt überlege mal drei Wörter, die eine Person beschreiben, die das komplette Gegenteil von deiner besten Freundin oder deinem besten Freund ist. Vielleicht hilft es dir, jeweils das Gegenteil zu den drei Wörtern zu finden, die zu deiner Freundin, deinem Freund gepasst haben.

1. ____

2. ____

3. ____

Und jetzt die Frage der Fragen: Wie wäre es, vielleicht mal mit so einer Person etwas Zeit zu verbringen?

Kapitel 5

Mein Hirn ist Popcorn!

Wie versprochen, reisen wir in diesem Kapitel in die Zeit, in der in unserem Kopf und unserem Körper ganz schön was los ist. Manchmal geht da eine richtig gute Party ab und manchmal ein Weltuntergang: Die Rede ist von der Zeit der Pubertät.

Ganz so leicht wie in diesem Witz ist es leider nicht. Wir können der Pubertät nicht entkommen. Warum auch?! Sie ist echt aufregend, prickelnd und schön. Wenn auch hin und wieder schwierig und anstrengend. Vor allem ist sie für die Frage, wer dieses Ich ist, so was von wichtig.

Die Pubertät ist zunächst mal eine Zeit, in der viele Veränderungen auf dich zukommen. Sowohl in deinem Körper als auch in deiner Umwelt. Denn welche Überraschung: Beides hängt unmittelbar miteinander zusammen.

Dieser Prozess der Veränderungen dauert mehrere Jahre. Er beginnt meist im Alter von acht oder neun Jahren und kann bis über den 20. Geburtstag hinausgehen. Das ist echt lang. Bei jedem Menschen ist die Dauer der Pubertät individuell. Bei einigen kürzer, bei anderen länger.

Das schauen wir uns noch einmal genauer an, stellen unsere Zeitmaschine auf P-U-B-E-R-T-Ä-T ein und werfen einen Blick in unseren Körper in dieser Zeit. Was geht da eigentlich so alles ab?

Unsere Kommandozentrale: das Gehirn

Am besten schauen wir uns dafür das Gehirn an. Es ist die Denk- und Gefühlszentrale unseres Körpers. Warum? Nun ja, wäre ich eine Biologin, würde ich behaupten: weil es gemeinsam mit dem Rückenmark das Zentralnervensystem bildet und etwa 90 Milliarden Nervenzellen enthält.

90.000.000.000

NERVENZELLEN

Wie du dir sicher denken kannst, ist so eine Zentrale sehr wichtig. Und wenn in der Zentrale umgebaut wird oder ein paar Updates gemacht oder neue Programme installiert werden müssen, dann herrscht in der Zeit absolutes Chaos. In der Pubertät ist genau das der Fall. In unserem Gehirn ist dann da gerade eine Großbaustelle. An unterschiedlichen Stellen wird gleichzeitig umgebaut.

Ich finde ja, dass sich »Großbaustelle« etwas zu negativ anhört, oder? Auch wenn gemeint ist, dass mit den Umbauten eine Verbesserung stattfindet. Wahrscheinlich geht es mir so, weil wir mit Baustellen oft auch verbinden, dass etwas kaputt ist und repariert werden muss.

So ist es aber in der Pubertät ganz und gar nicht. Unser Kindergehirn wird umgebaut, weiterentwickelt und leistungsstärker gemacht. Es war davor schon tipptopp, aber jetzt wird es für das Leben als erwachsener Mensch optimal vorbereitet.

Hast du Bock auf einen Blick ins Hirn?
Keine Sorge, nur mit dem Mikroskop. Dann los.
Wenn nicht, geht's weiter auf Seite 87.

Tuning fürs Gehirn

Biologisch erfolgt in der Pubertät im Gehirn tatsächlich ein Umbau von Stoffen. Genauer gesagt baut sich graue Substanz ab. Die graue Substanz besteht vor allem aus Nervenzellen. Nervenzellen sind keine Zellen, die einfach nerven – auch wenn der Name es vielleicht vermuten lässt. Nervenzellen sind sehr sensible und hoch spezialisierte Zellen, die für die Weiterleitung von Informationen zuständig sind. Sie haben die Aufgabe, Reize aus unserer Umwelt oder aus unserem Körper an unser Gehirn zu melden und von diesem Kommandos entgegenzunehmen. Wie so kleine Postboten.

Sicherlich kennst du den Spruch: »Da hast du einen Nerv getroffen«. Das bedeutet eben, dass man vielleicht mit einer Bemerkung einen Reiz ausgelöst hat, der sich sowohl auf deinen Körper als auch auf deine Emotionen auswirken kann.

Nervenzellen sind also sehr wichtig für die Kommunikation von und zu deinem Gehirn, deiner Körper-Kommandozentrale. Ist es also nicht furchtbar, wenn die in der Pubertät abgebaut werden? Wirst du dann nicht dümmer?

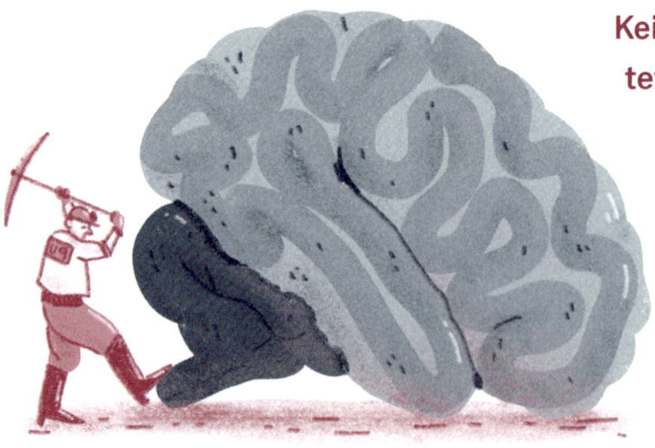

Keine Sorge! Der Abbau bedeutet nicht, dass die Nervenzellen absterben, sondern dass massenhaft Synapsen verloren gehen, die du wenig bis gar nicht mehr nutzt. Synapsen sind Kontaktstellen zwischen den einzelnen Nervenzellen. Sie sorgen dafür, dass die Information von einer Nervenzelle zur anderen weitergetragen wird. So wie beim »Stille-Post«-Spielen. Dein Gehirn mistet sie aus nach dem Motto: Wenn du es nicht brauchst, weg damit.

Außerdem nimmt gleichzeitig die weiße Substanz im Gehirn zu. Die weiße Substanz sorgt dafür, dass Synapsen, die du viel nutzt, ein ordentliches Update bekommen. Sie können Signale und Informationen mit der weißen Substanz bis zu dreitausendmal schneller übertragen.

Stell dir das so vor, dass du als Kind in deinem Gehirn einen Internetzugang hast, mit dem du vor allem auf Seiten surfst, die für Kinder gemacht sind. Je älter du wirst, desto mehr interessierst du dich ja auch für Internetseiten für Erwachsene und benutzt die Zugänge zu den Kinderseiten nicht mehr wirklich. Die werden deshalb gelöscht, und noch dazu bekommst du eine richtig schnelle Internetleitung eingebaut. Der Informationsaustausch in deinem jugendlichen Gehirn mit den aufgemotzten Synapsen geht dann richtig ab. Ist superschnell und effizient.

Trotzdem denken wir uns häufig in der Zeit der Pubertät: »Mein Hirn ist Popcorn! Überall poppt und springt irgendwas unkontrolliert herum.« Klar, da herrscht übergangsweise echt viel Chaos, das erst mal sortiert werden muss. Denn der Umbau des Gehirns passiert leider nicht schnell über Nacht von einem Tag auf den anderen, sondern dauert mehrere Jahre.

Stell dir dein Gehirn während der Pubertät wie eine Bühne vor, auf der eine neue Band spielen soll. Bis vor Kurzem liefen da noch

Schmusesongs und plötzlich wird auf Hardrock umgestellt. Nervenverbindungen, die nicht mehr gebraucht werden, bilden sich zurück und neue Verbindungen werden geknüpft. Eine Hardrock-Band braucht eben auch andere Technik auf der Bühne als die Singer-Songwriter mit ihrer Akustikgitarre.

Der Umbau passiert aber nicht zur gleichen Zeit. Das Gehirn entwickelt sich erst im hinteren Teil und von da nach vorne. Die Kontrollstation im Vorderhirn ist als Letztes fertig. Bei der Band wäre das so, als ob erst nur das Schlagzeug spielen würde – das steht ja meistens am hinteren Ende der Bühne –, und dann erst irgendwann setzt die Frontsängerin oder der Frontsänger ein – die ja nun die Hauptpersonen der Band sind. Wenn die Hauptpersonen der Band aber ihre Umwelt nicht richtig deuten können oder eben verwirrt sind, geht alles drunter und drüber. Die Band vergreift sich im Ton oder spielt die falschen Lieder. Wenn dann auch noch aus dem hinteren Teil des Hirns erst mal nur das Schlagzeug dröhnt und jedes Mitglied der Band macht, was es will, kann ja nur alles krumm und schief klingen, und nichts ist harmonisch.

Aber keine Sorge. Mit der Zeit spielen sich die Mitglieder der Band aufeinander ein, und dann ist auch das Publikum wieder begeistert.

Das war ich nicht, das waren die Hormone!

Dein Teenager-Gehirn spezialisiert sich, indem Synapsen und Nervenzellen im Gehirn um- und ausgebaut werden. Und es produziert dazu auch sehr viele Hormone, die zig Veränderungen in deinem Körper und deiner Gefühlswelt auslösen. Und DAS passiert in der Pubertät sehr häufig und so stark wie nie zuvor und auch sonst nie mehr im Leben.

Diese Hormone sind aber verdammt klein, magst du einen genaueren Blick darauf werfen? Na, dann los! Kittel an und zack, zum Mikroskop. Wenn nicht, dann dir ein fröhliches Blättern bis Seite 92.

Wer hat hier eigentlich das Kommando?

Hormone werden in der Biologie auch Botenstoffe genannt. Denn auch die sind dafür zuständig, wie kleine Boten Informationen und Kommandos an unterschiedlichen Stellen im Körper zu verteilen. Der Startschuss für die Hormone, die vor allem in der Pubertät so durch den Körper flitzen, kommt – na klar – aus unserer Körper-Kommandozentrale, dem Gehirn. Da gibt es den Hypothalamus, ein gerade mal daumennagelgroßer Teil im Gehirn, der unter anderem für die Hormone zuständig ist. Denn praktischerweise hat der Hypothalamus die Hypophyse als direkte Nachbarin, eine Drüse, die Hormone ausschüttet. So kann der Hypothalamus der Hypophyse in der Pubertät schnell das Kommando geben, Hormone in den Körper zu schicken.

Die Hormone oder Botenstoffe flitzen dann über die Blutbahnen durch unseren Körper und lösen ganz viele Veränderungen an unterschiedlichen Stellen aus. Den Knochen- und Muskelzellen überbringen sie das Kommando: »Wachsen!« Deshalb haben wir in der Pubertät einen ordentlichen Wachstumsschub. Außerdem werden die Haarzellen unter den Armen und zwischen den Beinen an den Geschlechtsorganen aktiviert. Schließlich gehört das dazu, wenn der Körper sich vom Kind zum Erwachsenen verändert.

Ein Großteil der körperlichen Veränderungen betrifft die Geschlechtsorgane und bereitet unseren Körper besonders auf eins vor: die Fortpflanzung. Damit wir irgendwann Kinder machen und bekommen können. Das läuft bei Mädchen und Jungen nicht zur selben Zeit ab und auch in unterschiedlicher Geschwindigkeit.

Alle Kommandos für Veränderungen gehen aber immer noch von unserer Kommandozentrale, unserem Gehirn, aus. Deshalb lasst uns da noch mal genauer reinschauen.

Da während der Pubertät in unserem Hirn eine riesige Popcorn-Party stattfindet oder, wie es eben gerne gesagt wird, »Baustelle herrscht«, müssen viele Informationen eine Umleitung nehmen. Die verläuft über den sogenannten Mandelkern. Klingt lecker?

Den Mandelkern kann man leider nicht essen oder einpflanzen. Mandelkern wird der Hirnbereich genannt, der unsere Bauchentscheidungen steuert. Und der sieht ein bisschen aus wie ein Mandelkern. Deshalb dachten sich die Wissenschaftlerinnen und Wissenschaftler: »Dann nennen wir das doch einfach so.«

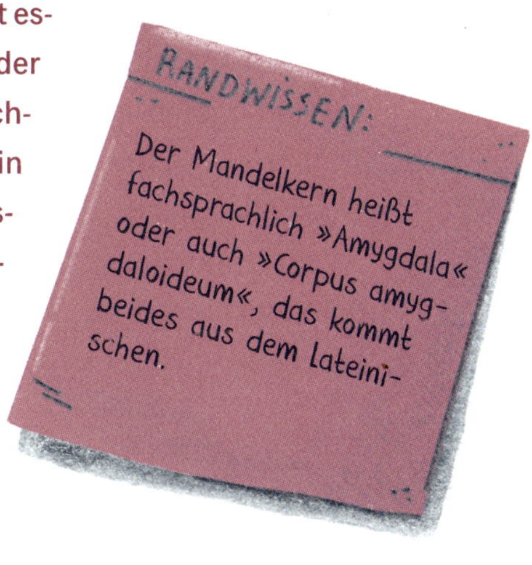

Der Mandelkern liegt in dem Teil unseres Gehirns, der für unsere Gefühle zuständig ist. Alles, was über diesen Bereich läuft, ist also weniger rational oder logisch und durchdacht, sondern hauptsächlich emotional und unüberlegt. Wir entscheiden Dinge in dieser Hirnpartie weniger über den Kopf, sondern ganz nach Bauchgefühl eben. Oder wie ich als Berlinerin sagen würde: »Frei nach Schnauze.« So, wie wir uns gerade fühlen, so verhalten wir uns dann.

Fang einfach an – frag nicht so lang: no risk, no fun!

Jetzt mal ganz ehrlich – ich will dich hier ja nicht überreden, aber ich finde, diese Zeit der Pubertät ist megagut, um dein eigenes Ich zu formen. Wenn eh schon alles im Umbruch ist, wieso nicht genau dann sich selbst gestalten, oder?

Ergreife doch genau in der Zeit die Chance und sage dir: »Ich kenne mich jetzt zwar schon sehr gut, will mich selbst aber noch besser kennenlernen. Immer nur auf das zu hören, was andere mir sagen, hilft mir da nicht besonders viel. Meine Eltern, Lehrerinnen und Lehrer oder sonst wer meinen es sicher total gut mit mir. Aber ich will jetzt selbst herausfinden, was für mich das Beste ist! Ich will neue Sachen entdecken, die gut zu mir passen, und dafür ganz vieles ausprobieren!«

Aber wie kannst du rausbekommen, was genau nun zu dir passt oder das Beste für dich ist? Tja, es tut mir sehr leid, eine allgemeingültige Formel gibt es dafür nicht. Ich kann dir auch nur vorschlagen, es zu machen wie die meisten Menschen: ausprobieren, ausprobieren, ausprobieren.

Das Tolle ist, dass wir während der Pubertät auch total viel Lust und Mut haben, alles Mögliche auszuprobieren. Wir sind in dieser Lebensphase viel eher bereit, Risiken einzugehen, und haben auch nicht so viel Angst, dabei auf die Schnauze zu fallen – auch im wahrsten Sinne des Wortes. Unser Körper braucht nämlich in der Pubertät viel stärkere Reize, damit die überhaupt durch das Chaos in unserem Gehirn bei unseren Nervenzellen ankommen. Kälte, Wärme, Krach, Stille, Scham, Schmerz, Freude oder auch andere Reize empfinden wir in dieser Zeit erst bei einer großen Reizportion – nicht zu verwechseln mit der großen Reisportion – und dann aber so richtig intensiv.

Aber ich meine damit vor allem, dass wir als Teenager wirklich wahnsinnig mutig sind, weil wir uns sehr stark von unserem Bauchgefühl steuern lassen und nicht so viel über Gefahren oder mögliche Konsequenzen unseres Handelns nachdenken.

Für mich war in der Zeit die absolute Entdeckung, dass ich gerne auf einer Bühne stehe. Mit 14 Jahren bin ich nämlich einer Musical-AG in der Schule beigetreten. Das war echt verrückt, denn in meiner engeren Familie gibt es keine Bühnenmenschen. Meine Mutter ist Ärztin und mein Vater Sozialpädagoge und mein Stiefvater, mit dem ich aufgewachsen bin, Ingenieur und mein anderer Stiefvater Physikprofessor. Ja, ich habe ziemlich viele Väter, das stimmt – aber irgendwas mit Medien oder Theater oder Tanzen und Singen hat keiner gemacht.

Das war also ganz bewusst etwas, was ich nur aus mir heraus und für mich allein entdeckt habe. Das hat mir keiner in der Familie vorgemacht und ich konnte es mir nirgendwo abgucken. In der Pubertät hatte ich dann plötzlich auch den Mut, mich auf die Bühne zu stellen und es einfach mal auszuprobieren. Ich habe mir nicht so viele Gedanken darüber gemacht, ob ich mich jetzt blamieren könnte oder so. Und siehe da – ich hatte richtig Spaß daran und habe dann für mich beschlossen, später mal so was in der Richtung zu machen.

Die Zeit der ersten Male ist ganz entscheidend

Weil wir uns in der Pubertät so von unseren Gefühlen treiben lassen, bleibt Gefühlschaos leider auch nicht aus. Noch dazu erleben wir in dieser Zeit auch so viele Dinge zum allerallerersten Mal.

Du kennst sicher das Gefühl, wenn du etwas zum ersten Mal siehst. Vielleicht bist du unsicher, was du davon halten sollst, denn du siehst es ja zum ersten Mal. So ging es mir zum Beispiel, als ich bei einer Freundin zu Hause das erste Mal einen Eierschalensollbruchstellenverursacher gesehen habe. Ich war sehr irritiert, denn: Erstens war es das längste Wort für eine unnötige Sache, das ich je gehört habe. Und zweitens sieht es total verrückt aus, wenn man erst mal gar nicht weiß, wofür das gut ist und was man damit macht. So nämlich. Und so wird er benutzt:

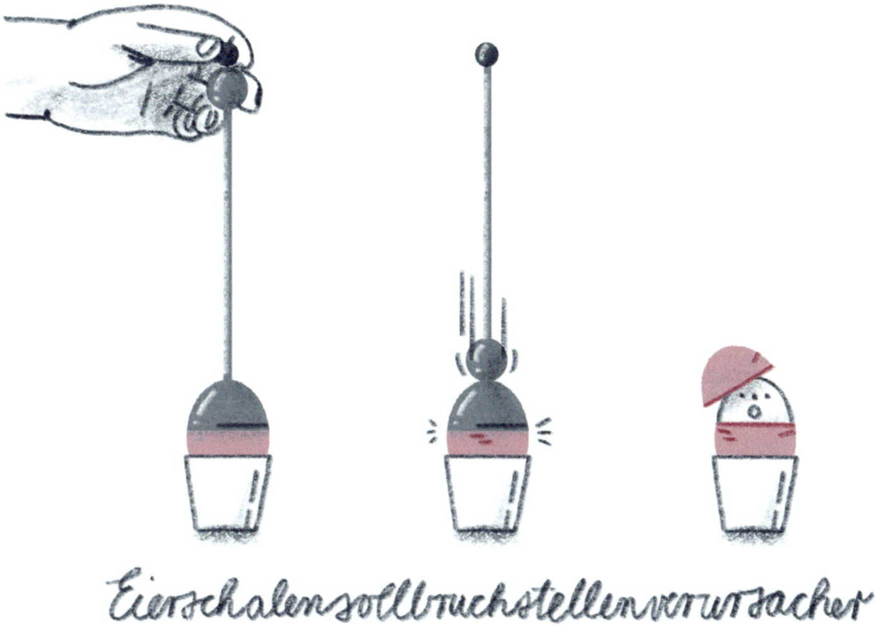

Irre, oder? Man kann sein Frühstücksei natürlich auch einfach mit einem Löffel aufklopfen oder mit einem Messer köpfen. Aber das wäre ja viel zu einfach und total langweilig. Es gibt sogar richtige Tutorials im Internet, wie man diesen Eierschalensollbruchstellenverursacher (ich mag das Wort irgendwie) einsetzt. Aber das nur am Rande.

Übrigens gab es in meiner Familie immer eine große Diskussion, was denn eigentlich besser ist: das Ei aufzuklopfen und die Schale abzupulen oder mit dem Messer einen Deckel abzusägen, also zu köpfen. Wie siehst du das? (Na gut, darüber können wir uns vielleicht mal austauschen, wenn wir uns persönlich treffen.)

Zurück zu den ersten Malen in der Pubertät. Ein weiteres Beispiel: Wenn du das allererste Mal auf Skiern stehst, bist du wahrscheinlich auch erst mal etwas hilflos und unsicher, weil du nicht weißt, wie du dich mit den langen Dingern auf dem rutschigen Untergrund am besten bewegen sollst.

Aber wenn du es dann ausprobierst, kannst du es erlernen und verstehen. Bisschen so nach dem Motto »try and error«. Du versuchst zum Beispiel, mit deinen Skiern seitlich den Berg runterzurutschen, und merkst sehr schnell, das klappt nicht so gut. Dann hast du schon verstanden, dass es seitlich nicht geht, und schließt das in Zukunft aus.

Etwas Ähnliches passiert auch im Gehirn: Die Information wird als »funktioniert nicht« gespeichert und die Verknüpfung – also die Synapse – gelöscht. Das heißt, in dem Moment ist unser Hirn um die Information »funktioniert nicht« leistungsstärker geworden. Und du weniger verwirrt.

So passiert das in gaaanz vielen Momenten während der Pubertät, sodass wir in dieser Zeit besonders stark unseren Charakter formen. Wir festigen, wie wir ticken, was uns gefällt, was uns nicht so gefällt und so weiter und gestalten unser Ich auf intensivste und genauste Weise. Ab dann wird es in unserem Leben auf natürliche Art kaum mehr so große Veränderungen unseres Ichs geben.

Die Pubertät ist also nicht nur für uns selbst eine extrem bedeutende und prägende Zeit, sondern auch für unseren epigenetischen Code. Das heißt, auch für unsere Kinder und die Kinder unserer Kinder und die Kinder unserer Enkelkinder und so weiter. Das klingt jetzt vielleicht ein bisschen dramatisch, aber irgendwie ist es das ja auch. Denn wenn sich unser Ich in dieser Zeit besonders stark formt und vor allem nach der Pubertät gefestigt hat, dann geben wir davon ja vieles an unsere nachfolgenden Familienmitglieder weiter.

Woosh »

eine kurze Zeitreise

In Schweden haben Forscherinnen und Forscher herausgefunden, dass der Einfluss der Umwelt vor allem in der Zeit kurz vor der Pubertät bei Jungen tatsächlich vererbt werden kann. Insbesondere auf die Generation der Enkel. Das heißt, das, was der Opa in der Zeit kurz vor seiner Pubertät erlebt, kann über seinen Sohn dann an seinen Enkel vererbt werden. Dafür wurden mehrere Studien in einem einzigen kleinen Dorf über mehrere Generationen durchgeführt. Dabei ging es speziell darum, wie viel es zu essen gab.

Denn je nachdem, ob es für die Jungen in der Zeit kurz vor der Pubertät viel oder nur wenig zu essen gab, bildeten sich körperliche Merkmale bei ihren Enkelsöhnen. Doch warum nur genau in dieser Zeit vor der Pubertät?

In dieser Zeit kurz vor der Pubertät bilden sich die Spermien beim Mann. Diese tragen auch die sogenannten Keimzellen in sich, die das Erbgut beinhalten, also alle Eigenschaften, die ein Mann an seine Nachkommen weitergibt. Deshalb sind vor allem in genau der Zeit, in der sich die Spermien bei Jungen bilden, die Umwelteinflüsse so wichtig. Denn sie können über die Brücke zwischen Umwelt und Genetik wandern und landen dann in den Genen der Kinder und auch Enkelkinder der Männer.

Wieso das nur für den Mann gilt, ist noch nicht ganz klar. Genetikerinnen und Genetiker vermuten, dass es mit den unterschiedlichen biologischen Entwicklungen bei Mädchen und Jungen in der Pubertät zusammenhängt.

Tatsächlich findet die epigenetische Markierung der Gene bei Jungen eher zeitgleich mit der Pubertät statt, weil sich da die Spermien bilden. Bei Mädchen dagegen gehen vermutlich erst zu einem späteren Zeitpunkt in der Pubertät die Epigene über die Brücke. Wann und wie genau, ist unklar – noch.

Was allerdings glasklar ist: Die Pubertät ist eine abgefahrene und einzigartige Zeit für jede und jeden. Für unser Gehirn, unseren gesamten Körper, für unsere Gefühlswelt, für unseren Charakter – ach, einfach für unser gesamtes Ich.

Ich habe noch nie …

Notiere dir hier die Dinge, die du bisher noch nie ausprobiert hast und gerne zum ersten Mal machen möchtest. Für jedes »erste Mal« kannst du dir selbst einen Orden oder eine Medaille verleihen.

ALLEIN EINEN GANZEN KUCHEN VERPUTZT

Kapitel 6

Wenn's klickt, ist es die richtige Clique

Wie oft hast du heute schon an deine Clique, also deine Freundinnen und Freunde, gedacht? Vielleicht auch schon mit ihnen Zeit verbracht oder zumindest gesprochen oder geschrieben? Jedenfalls sind Freunde etwas Wundervolles. Sie können einem ein gutes Gefühl geben, jeden Tag.

Sie sind für dich da, wenn es dir mal nicht so gut geht, und muntern dich auf. Halten zu dir, wenn es Ärger gibt, und sind für jeden Spaß zu haben. Klar kann es auch mal Streit und Stress geben. Das gehört leider auch dazu. Denn mit anderen zusammen zu sein, fühlt sich schön an, ist aber nicht jeden Tag leicht. Wir dürfen nicht vergessen: Jeder und jede ist anders, und das kann eben auch zu Meinungsverschiedenheiten, Reibereien und Streitereien führen. Was wir allerdings alle gemeinsam haben: Wir wollen dazugehören.

Jeder Mensch sehnt sich nach seiner Gruppe, seiner Clique, die zu ihm passt und in der er oder sie sich wohlfühlt. Vor allem, wenn du im Kreis deiner Freundinnen und Freunde du selbst sein kannst. Dann fühlst du dich automatisch wohl, weil du dich nicht verstellen musst. Aber warum ist das so?

Wieso fühlen wir uns mit unseren Freunden so wohl?

Gemeinsam ist das Leben einfach leichter. Mit Freunden, mit der Familie oder einfach Teil einer Gruppe zu sein, bereitet uns meistens ein Gefühl der Sicherheit.

Woosh »
eine kurze Zeitreise

Das war schon in der Steinzeit so. Nur als Gruppe schafften es die Jäger, ein Mammut zu erlegen. Man musste sich zusammenschließen, um zu überleben. Vor allem mit Menschen, die ähnlich tickten wie man selbst, denn mit ihnen lief die Kommunikation reibungsloser. Das war bei den Steinzeitmenschen vor allem wichtig, wenn sie in Lebensgefahr waren – zum Beispiel, wenn ein Säbelzahntiger angriff.

Das macht sich auch in unserem Körper bemerkbar. Sind wir in einer Situation auf uns allein gestellt und haben nicht mehr den Schutz der Gruppe, gerät unser Körper in Alarmbereitschaft – und schüttet unter anderem das Stresshormon namens Cortisol aus.

Wie zum Beispiel in der ersten Klasse, als du zum allerersten Mal allein zur Schule gegangen bist. Mehrere Male hast du es mit Mama oder Papa oder irgendeinem anderen Erwachsenen geübt und kanntest den Weg eigentlich schon im Schlaf. Trotzdem überkam dich dann eine wahnsinnige Aufregung, als du den Weg zum ersten Mal allein gehen musstest.

Auch wenn es heutzutage nicht mehr darum geht, ein Mammut zu erlegen oder dich vor dem Angriff von Wildtieren zu schützen und dein Leben zu retten – Menschen sind bis heute nicht gerne allein. Die Sicherheit, die wir innerhalb einer Gruppe bekommen, suchen wir auch heute noch. Und wie damals in der Steinzeit sind wir auch heute noch allein ängstlicher als in der Gruppe. Deswegen tun wir meistens alles, um dazuzugehören. Denn keiner ist gerne Außenseiterin oder Außenseiter. Das liegt in unserer Natur.

»In unserer Natur liegen …« – was soll das überhaupt bedeuten? Das heißt erst mal nur, dass dieses Bedürfnis, dazugehören zu wollen, ein Instinkt ist. Okay, okay, was ist denn jetzt ein Instinkt?

Die Wissenschaft hat da auch keine exakte Antwort drauf. Instinkte sind Verhaltensmuster, die wir von Geburt an beherrschen. Ganz automatisch. Ohne dass wir sie erst erlernen müssen oder sie uns jemand beibringt. Denn auch als Baby suchen wir ja schon die Gruppe: unsere Eltern und Familie. Sobald ein Baby bemerkt, dass es länger allein ist, fühlt es sich unwohl und beginnt zu weinen. Und dieses Gefühl zieht sich durch unser gesamtes Leben. Also nicht, dass wir sofort anfangen zu weinen, sobald wir uns unwohl fühlen, sondern dass wir nicht gerne lange allein sind. Egal, ob wir ein Baby, ein Kind, jugendlich oder erwachsen sind.

Vielleicht denkst du gerade an den Moment, der sich doch aber so toll anfühlt: Wenn deine Geschwister mal wieder nerven und du dich einfach in dein Zimmer verkriechen kannst und die Tür zumachst. Oder wenn du im Schatten deines Lieblingsbaums ganz allein ein spannendes Buch verschlingst. Klar, diese Momente gibt es. Manchmal genießen wir es auch, allein zu sein.

Die Betonung liegt dabei auf »manchmal«: Wir genießen das, wenn es etwas ist, das nicht für immer so bleibt. Denn wenn wir sehr lange allein sind, geht es den allermeisten Menschen irgendwann nicht mehr so gut damit.

Der Unterschied zwischen »allein sein« und »einsam sein« – möchtest du den lieber später herausfinden? Dann geht's weiter auf Seite 108.

Zusammen ist man weniger allein

Einsam und allein sein – das ist doch das Gleiche, oder? Falsch gedacht!

Ob jemand allein ist oder nicht, lässt sich wissenschaftlich messen. Wenn man das Alleinsein daran misst, mit wie vielen Menschen jemand so zu tun hat, kann man das über einen Tag lang mal zählen. Du kannst ja mal überlegen, wie viele Menschen du heute getroffen und gegrüßt oder ob du sogar ein wenig mit ihnen geplaudert hast. Wenn du jede Plauderei zählst, kommst du sicher auf ein paar soziale Kontakte am Tag. Du warst über den Tag also nicht allein.

Alleinsein ist demnach ein Zustand, der sich auch schnell verändern kann. Wenn du allein auf einer Bank sitzt, können alle, die an dir vorbeilaufen, diesen Zustand sehen und wissen: »Ah, da sitzt jemand allein auf einer Bank.«

Was man allerdings nicht sehen kann: Ist eine Person nur allein oder sogar auch einsam? Manche Menschen würden am liebsten den ganzen Tag mit ihren besten Freundinnen und Freun-

den abhängen. Andere genießen es, auch mal ohne andere Menschen unterwegs zu sein. Gehst du also zum Beispiel ohne deine Freunde ins Kino und fühlst dich dabei pudelwohl, dann bist du zwar allein, aber nicht einsam.

Einsamkeit ist ein Gefühl. Nur du selbst weißt, wie du dich fühlst! Von außen kann es dir niemand ansehen. Trinkst du allein in der Stadt eine Limo und bist traurig, dass niemand bei dir ist, dann fühlst du dich einsam. Vielleicht denkst du dir dann auch: »Niemand mag mich!«

Auch wenn man von der Familie und vielen Freunden umgeben ist, kann es passieren, dass man sich trotzdem einsam fühlt. Schlecht ist: Bei Einsamkeit und körperlichen Schmerzen werden im Gehirn dieselben Nervenzellen aktiviert. Einsamkeit tut also weh.

Sich ab und zu einsam zu fühlen, ist aber ganz normal. Nur auf Dauer ist es kein schönes Gefühl!

Alles nur Kopfsache

Ganz viel davon läuft in deinem Gehirn ab. Finden uns andere Menschen gut, schüttet unser Gehirn einen Hormoncocktail aus. Dabei macht uns das Hormon »Dopamin« stolz und stark. Andere Stoffe, wie körpereigene »Opioide« und »Oxytocin« entspannen uns. Das alles kombiniert, macht ein echt gutes Gefühl. Es macht uns süchtig, und wir wollen mehr davon.

Aber Achtung: Beliebtheit und wahre Freundschaft sind verschiedene Dinge. Beliebtheit ist ein Zustand, der sich auch schnell verändern kann. Wahre Freundschaften wachsen über eine lange Zeit und festigen sich in unserem Leben. Forschende haben in einer Studie herausgefunden, dass sehr beliebte Jugendliche oft trotz ihrer Beliebtheit nur wenige tiefgehende Freundschaften entwickelten und später als Erwachsene eher unglücklich und einsam sind. Denn ein paar richtig gute **Freunde**, die immer zu dir stehen, sind wertvoller als ein **Fanclub**, der dir nur hinterherrennt.

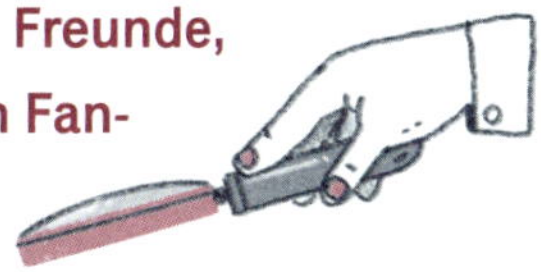

Nicht zu lange allein sein zu wollen, steckt ganz tief in uns drin. Genauer gesagt, in unserem Hirnstamm. So heißt vor allem der Teil unseres Gehirns, in dem sich unbewusste Abläufe abspielen, die wir kaum beeinflussen können. Diese Gehirnregion sorgt für ganz automatische Abläufe in unserem Körper – etwa unsere Reflexe oder dass wir atmen müssen oder wie unser Essen durch den Körper gelangt. Aber noch etwas ist dort angesiedelt: das menschliche Bedürfnis nach Anschluss. Wir spüren das, ohne dass wir etwas dagegen oder dafür tun können.

Das Bedürfnis, zu einer Gruppe dazuzugehören, ist angeboren. Aber dafür muss es doch irgendwann und irgendwo ja mal vererbt worden sein? Von jemandem, der oder die gelernt hat, dass es sicherer ist, sich immer einer Gruppe anzuschließen. Es ist aber auch verhext.

Wenn man weiter darüber nachdenkt, landet man in einer Endlosschleife. Wie bei der Frage, wer denn nun zuerst da war: die Henne oder das Ei?

Eine Lösung für diese schwierige Frage könnte die Epigenetik liefern. Die geht nun mal davon aus, dass es in unserem Gehirn keine strikte Trennung gibt zwischen Erlerntem – die Verhaltens-

weisen, die wir aus unserer Umwelt ziehen – und Angeborenem – das, was in unserer Bau- und Bedienungsanleitung von Geburt an drinsteht. Es ist wieder diese kleine, feine Brücke, über die sich Umwelt und Gene besuchen können.

Gut. Nehmen wir das doch einfach mal so hin. Cool. Denn dann können wir uns ja einer weiteren Frage widmen.

Wieso fühlen wir uns manchmal wie Falschgeld?

Heißt: Irgendwie sehe ich aus wie alle anderen, verhalte mich wie alle anderen – und fühle mich aber trotzdem völlig falsch. Oder völlig fehl am Platz. Vielleicht kennst du das Gefühl, ab und zu mit deinen besten Freundinnen oder Freunden unterwegs zu sein und dich trotzdem einsam zu fühlen? Oder vielleicht nicht gleich einsam, aber etwas unverstanden?

Ich merke das zum Beispiel häufig an meinem Humor. Irgendwie habe ich einen recht ulkigen und schwer verständlichen Humor und selten raffen meine Freunde meine Witze. Da trete ich wirklich regelmäßig in Fettnäpfchen, was mich jedes Mal aufs Neue überrascht. Weil ich mir denke: »Hä, aber diese Leute kennen mich doch so gut und so lange ... Die müssen doch meinen Witz verstehen.«

Mittlerweile habe ich mir das so erklärt: Mein Freundeskreis versteht einfach keinen Spaß. Nein, Scherz. Selbstbewusst sage ich, wir sind eben alle verschieden. Auch wenn wir viele Hobbys teilen, gerne dieselbe Musik hören und uns in so vielen Situationen einfach ohne Worte verstehen, dass es manchmal schon fast unheimlich ist.

Aber wir sind eben doch jede und jeder einzigartig und auf unsere Art und Weise ganz individuell. Du, ich und wir alle haben unsere eigene Identität und manchmal passen die Identitäten eben nicht zu hundert Prozent zusammen.

Spannend daran ist, dass sich das immer wieder ändern kann. Denn auch wenn der Prozess, unsere Identität zu bilden und zu formen, irgendwann in den Grundzügen abgeschlossen ist und sich viele Werte, Einstellungen und Lebensweisen gefestigt ha-

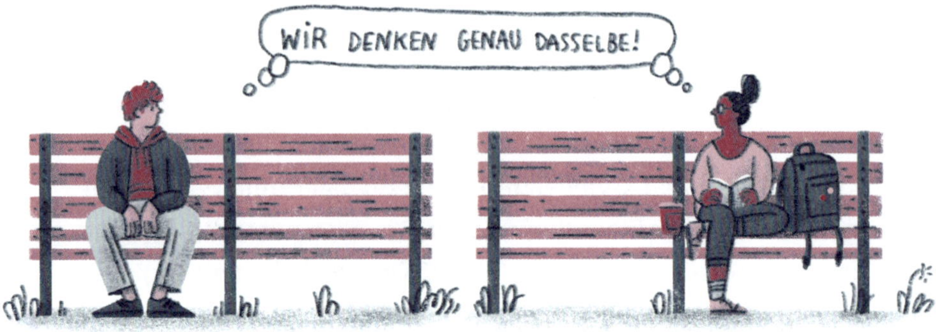

ben, sind wir noch lange nicht am Ende. Unsere Identität ist weiter ständig in Arbeit und verändert sich auch weiter, nur eben in kleineren Teilen. Das große Ganze steht zwar, doch unsere Identität verändert sich schon noch hier und da, passt sich an und grenzt sich auch wieder ab. Wie bei den regelmäßigen Updates bei der App. Eigentlich hören wir nie so wirklich auf, uns zu fragen: »Wer ist eigentlich dieses Ich? Und was kann ich daraus noch machen?«

Du denkst dir gerade sicherlich: »Puh, das ist ja anstrengend!« Ich möchte dir Mut zusprechen und sagen: Eigentlich ist es phänomenal cool, dass es so ist! Denn damit kannst du dich immer wieder neu entdecken.

Das eigene Ich zu entdecken, braucht allerdings auch Zeit und Energie. Manchmal ist es nämlich sehr anstrengend, sich mit sich selbst zu beschäftigen. Besonders dann, wenn wir uns vielleicht mit Arten und Angewohnheiten von uns auseinandersetzen, die wir gar nicht so cool finden. Die uns vielleicht stören oder nerven. Aber wenn wir es dann schaffen, Dinge für uns zu verändern und zu verbessern, belohnen wir uns mit einem guten Gefühl.

Du fragst dich gerade: Wie das? Hey, mal ehrlich, du bist ja die Person, die dir am allernächsten steht und immer, einfach immer da ist. Du kannst ja nicht zu dir selbst sagen: »Liebes Ich, du nervst, ich habe gerade keine Lust auf dich, bitte geh.«

Und weil das eben nicht geht, sollten wir uns etwas anderes überlegen. Wie wäre es damit, das Ganze umzudrehen und das Gute in der Zeit mit uns selbst zu sehen. Zum Beispiel zu sagen: »Liebes Ich, auch wenn du mich manchmal mit Sachen nervst, bist du toll und ich mache dich noch toller.«

»Me Time« = voll mein Ding!

Hast du schon mal was von dieser »Me Time« gehört? Aus dem Englischen übersetzt heißt das erst mal nur »Ich-Zeit« oder »meine Zeit«. Gemeint ist damit allerdings etwas sehr Wertvolles, was immer mehr Wissenschaftlerinnen und Wissenschaftler allen Menschen empfehlen: sich bewusst Zeit für sich selbst zu nehmen.

Du merkst sicher, ich möchte darauf hinaus, dir besser zu erklären, weshalb es total gut ist, auch mal allein zu sein und dich mit dir selbst zu beschäftigen. Für deine Identität entstehen dadurch nämlich viele Vorteile, wie du gleich sehen wirst.

Du förderst dein Selbstbewusstsein

Wenn du Zeit allein verbringst, setzt du dich automatisch stärker mit dir selbst und deiner aktuellen Situation auseinander. Du lernst, deine eigenen Grenzen besser einzuschätzen und die eigenen Wünsche ernst zu nehmen.

Zum Beispiel kannst du in Momenten, in denen du für dich bist, überlegen, ob das Hobby, das du gerade machst, dir eigentlich noch so viel Spaß bringt. Vielleicht bist du als kleines Kind schon in einen Fußballverein gegangen, weil da deine ganze Familie gerne ist. Aber jetzt merkst du immer häufiger, eigentlich macht es dir nicht mehr so viel Spaß, und die Turniere jedes Wochenende sind auch anstrengend. Da würdest du eigentlich viel lieber mit deinen Freunden abhängen.

Mir ging das mal so mit meinem Leichtathletikverein. Ich bin da früher gerne hingegangen, weil auch viele Freundinnen und Freunde von mir dort waren. Aber mit der Zeit hatten alle andere Hobbys gefunden und fehlten mir am Wochenende, wenn ich mal wieder einen Wettkampf hatte und sie deswegen nicht sehen konnte. Ich habe länger darüber nachgedacht und konnte dann meiner Mutter sagen, dass ich keine Leichtathletik mehr machen wollte. Der Deal war dann, dass ich aus dem Verein austreten durfte und mir dafür einen anderen Sport suchte, der nicht immer das Wochenende blockierte. Das war dann für mich eine gute Lösung.

In der Zeit mit dir selbst kommst du also auch eher auf Antworten und findest neue Lösungen. So kannst du dich dann besser von Leuten oder auch Dingen trennen, die dir nicht mehr so viel Freude bringen oder dir nicht guttun. Gelingt es dir regelmäßig, auch mal allein zu sein, weißt du mit der Zeit immer besser, was dir guttut und was nicht. So lässt du dich automatisch weniger von den Menschen und Dingen um dich herum beeinflussen.

Du kannst Konflikte leichter lösen

Weißt du besser über dich Bescheid und kennst dich von oben bis unten, von innen nach außen, mit allen Ecken und Kanten, merkst du bei bestimmten Themen schneller: »Oh-oh, da haben wir jetzt sehr unterschiedliche Meinungen und werden uns vielleicht drüber streiten.« Das heißt, du kannst Konflikte automatisch besser erkennen, wenn du dich gut kennst. Aber das hat noch etwas Gutes: Erkennst du schneller Konflikte, findest du auch schneller passende Lösungen – ohne dabei nur auf deiner Meinung bestehen zu müssen. Wenn du weißt, wer du bist, kannst du auch offen für andere bleiben.

Viele Expertinnen und Experten sind sich sicher, dass wir lernen können, Konflikte gut zu lösen. Ein wichtiger Schritt dafür ist, sich selbst gut zu kennen und zu wissen, was uns schnell stören, nerven oder sonst irgendwie gegen den Strich gehen könnte. Denn mit diesem Wissen können wir Konflikten schon frühzeitig aus dem Weg gehen oder sind zumindest vorbereitet und wissen: »Das könnte mich jetzt nerven.«

Du kannst deine Kreativität steigern

Vielleicht kennst du den Moment: Plötzlich hast du nichts, womit du dich beschäftigen könntest. Du hast kein Handy, Tablet, keinen Fernseher. Deine Geschwister nerven dich gerade nicht und deine Eltern wollen auch nichts von dir. Deine Freundinnen und Freunde sind gerade nicht da und auch sonst hast du irgendwie nichts zu tun. Und plötzlich ploppt da in deinem Kopf eine neue Idee auf. Eine Fantasie, die du noch nicht kanntest. Ein Gedanke, den du so noch nie hattest. Und die Idee gefällt dir richtig gut, und du bekommst Lust, sie noch weiterzuspinnen und vielleicht sogar was daraus zu machen.

Ich zum Beispiel habe das ganz oft, dass ich abends im Bett liege und schon die Augen schließe, um müde in den Schlaf zu fallen. Und dann zischt wie ein Blitz – zack – eine megamäßige Idee durch mein Gehirn. Oft springe ich dann noch mal auf und tippe mir das schnell mit Stichworten ins Handy oder schreibe es auf einen Zettel. Weil ich weiß, dass ich morgens schon wieder mit so vielen anderen Dingen beschäftigt bin, dass ich mich dann nicht mehr an meinen kreativen Geistesblitz erinnern kann.

Ich gebe zu, dass es auch hin und wieder vorkommt, dass ich mir am nächsten Tag noch mal durchlese, was ich da aufgeschrieben habe, und denke: »Was hast du dir denn dabei gedacht? Ist wohl eher ein Hirnfurz als ein Geistesblitz.« Aber auch das gehört dazu: Nicht jede neue Idee ist gleich ein Geniestreich, aber es wurde erst mal die Kreativmaschine angeworfen. Und wer weiß, was sich daraus noch so entwickeln kann? Ein gutes Gefühl ist es allemal, zu merken, dass die Ideen und deine Kreativität wie von selbst kommen, wenn du dir mal wirklich Zeit für dich nimmst und deinen Gedanken Raum gibst.

Du bleibst unabhängiger

Jede und jeder möchte gerne beliebt sein – ob in der Schule, beim Sport oder auch in der Familie. Um uns bei anderen beliebt zu machen, probieren wir viele Dinge aus. Und dabei kann es auch passieren, dass wir uns sehr von der Anerkennung anderer abhängig machen. Denn wir alle brauchen diese natürlich auch. Das Lob unserer Lehrerinnen und Lehrer, die warmen Worte aus dem Freundeskreis, der Stolz unserer Eltern – all das tut uns gut.

Problematisch kann es allerdings werden, wenn wir gar nicht mehr so genau wissen, ob wir Dinge tun, weil wir sie selbst toll finden, oder weil wir glauben, dass andere Menschen uns deshalb mehr mögen.

Wenn du dir Zeit für dich nimmst, hilft dir das auch dabei, den Fragen nachzugehen: Was macht mich allein glücklich? Wie kann ich mir selbst Anerkennung geben? Wenn du dir das beantworten kannst, macht dich das unabhängiger von anderen Menschen oder Aktivitäten, die dir Anerkennung geben. Denn dann gibt es nur dich und deine innere Stimme.

Willst du noch genauer verstehen, warum es uns so wichtig ist, beliebt zu sein? Dann blättere zurück zu Seite 107.

Du weißt was mit deiner Langeweile anzufangen

»Mir ist so langweilig! Was soll ich jetzt machen?« – Wer kennt dieses Gefühl nicht? Manchmal fühlt sich Langeweile unerträglich an. Oft wird uns das auch so dargestellt, dass Langeweile nur was für Menschen ohne Freunde und ohne Hobbys ist. Also erst mal negativ.

Ich behaupte das Gegenteil. Langeweile kann die Fähigkeit sein – ach was, ich nenne es sogar Superkraft –, nichts anderes zu hören als die eigenen Gedanken. Das ist etwas ganz Kostbares: Stille zu genießen.

Ausprobieren kannst du das gut mit einer Reise im Kopf. Das mache ich manchmal ganz gerne, wenn ich gerade ein bisschen Langeweile habe. Ich lege mich auf eine Matte oder einfach auf den Boden in meinem Zimmer, das ich gut kenne. Dann mache ich die Augen zu und stelle mir erst mal alle Sachen im Zimmer vor. Ich weiß, wo mein Bett steht, mein Schrank, das Regal und so weiter. Dann versuche ich mich mal nur auf meinen linken kleinen Zeh zu konzentrieren und nur den zu spüren. Dann ein anderes Körperteil meiner Wahl und immer so weiter. Verrückt ist dabei, dass ich plötzlich auch Geräusche in meinem Zimmer, wie das Ticken der Uhr auf meinem Schreibtisch oder auch Geräusche von draußen viel klarer und lauter höre. Auch die Geräusche meines eigenen Körpers nehme ich lauter wahr. Mein Atmen zum Beispiel.

Du kannst wirklich viel entdecken, wenn du so ganz still auf dem Boden liegst. Der Trick ist, dich auf deine Gedanken zu konzentrieren. Die kannst du mit ein bisschen Übung sogar mit dem Kopf steuern, indem du dir zum Beispiel die Fragen stellst: Worüber denke ich jetzt gerade nach? Oder: Worüber möchte ich gerade nachdenken?

Das geht natürlich auch im Sitzen, im Auto oder in der Bahn oder im Bus zum Beispiel. Oder im Stehen, wenn du irgendwo länger warten musst.

Wenn dir also das nächste Mal eine erwachsene Person sagt, dass du jetzt ein bisschen Langeweile aushalten musst, weil deine Eltern zum Beispiel noch mit ihren Freunden im Café sitzen und tratschen wollen, dann genieße das und nutze die Zeit, um ein bisschen in dich hineinzuhorchen. Wer ist dieses Ich und was möchte es, wenn alle anderen Stimmen, die sonst um dich herum sind, schweigen?

Freunde geben deiner Identität einen Schubs

Um deiner Identität auf die Spur zu kommen, musst du aber keineswegs NUR allein auf die Suche gehen. Nicht falsch verstehen. Immer, wenn du mit anderen zusammen bist, mit deiner Familie oder eben deinen Freunden und Freundinnen, findest du auch etwas über deine Identität heraus. Du kannst zum Beispiel immer wieder unterschiedliche Rollen für dich selbst ausprobieren. Es ist ein bisschen wie dein kleines eigenes Theaterstück des Lebens. Und ein Freundeskreis hilft dir dabei. Denn ein Theaterstück braucht ja auch ein Publikum, das auf deine Rollen reagiert.

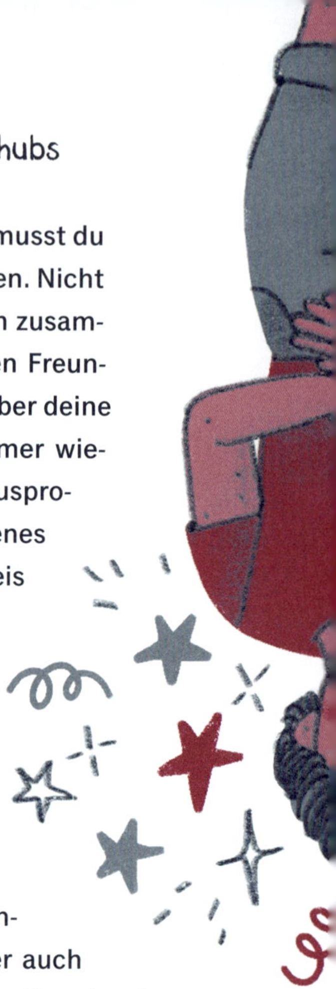

Deine Freundinnen und Freunde sind bei der Suche nach Identität sogar sehr wichtig: Sie sind es, die dich verstehen. Deshalb kannst du dich an deinen Freundeskreis anpassen, wenn du mit deinen Rollen experimentierst. Du kannst dich von ihm mitreißen, aber auch hinterfragen lassen. Bist du zum Beispiel eher die oder der Fürsorgliche, der oder die stets ihren oder seinen Freunden zuhört und Ratschläge verteilt? Oder bist du eher die Person, die Ideen für gemeinsame Aktivitäten bringt und bestimmt, was ihr zusammen erlebt? Oder vielleicht mal so, mal so?

Mit unseren persönlichen Rollen im Freundeskreis zu spielen, hilft uns, die eigene Identität auszuprobieren und zu formen. Die Einflüsse unserer Freundinnen und Freunde nehmen wir auf, und auch die werden ein Teil von uns. Aber eben nur ein Teil. Andere

Einflüsse entdecken wir dabei als vielleicht nicht so passend für uns und lösen uns dann von ihnen. Das machen wir immer und immer wieder, unser ganzes Leben lang. Eigentlich immer, wenn wir uns mit einer anderen Person verbinden.

Das liegt daran, dass wir eine Außen- und eine Innenwelt haben. Unsere Freunde sind Teil unserer Außenwelt. Wenn dann ein Einfluss unserer Außenwelt auf unsere Innenwelt trifft und sich das komplett widerspricht, dann fühlen wir uns nicht mehr wohl.

Ein Beispiel: Ich habe früher total gerne »Mini-Playback-Show« mit meinen Freundinnen gespielt. Das war eine Show im Fernsehen, bei der Kinder sich wie ihre Lieblingsstars verkleiden konnten und einen Song auf einer Bühne präsentierten, ohne wirklich zu singen. Mit dem Lied im Playback eben. Eigentlich so wie heute die Lip-Sync-Videos bei TikTok.

Wir haben es geliebt, die Show in unserem Wohnzimmer nachzuspielen, und hatten sehr viel Spaß daran. Plötzlich kam meine damals beste Freundin zu mir und meinte, dass sie das alles kindisch und peinlich fände und dass wir ja auch überhaupt nicht tanzen könnten. Von meiner Außenwelt bekam ich also das Signal: Die Zeit des Mini-Playback-Show-Spielens ist vorbei.

Ich habe das dann ganz oft allein gespielt und es meiner Freundin nicht erzählt, damit sie sich nicht über mich lustig machen konnte. Das zeigte mir, dass meine Innenwelt die Mini-Playback-

Show eigentlich noch ganz toll fand und ich zu Hause immer noch viel Freude daran hatte.

Meine Außen- und Innenwelt passten also nicht mehr zusammen. Das führte dazu, dass ich mich verstellte und meiner Freundin gegenüber so tat, als fände ich die Mini-Playback-Show auch total doof und kindisch. Stimmte aber nicht. Ich befand mich in einer Zwickmühle, die mir ein ungutes Gefühl gab. Daraus befreien konnte ich mich erst, als ich ehrlich mit mir und auch meiner Freundin war und einfach dazu stand, dass ich eben gerne durch meine Wohnung tanze und dabei singe – und zwar bis heute.

Mit jedem Einfluss, der von außen auf uns zukommt, können wir entscheiden, ob wir ihn annehmen oder ablehnen. Und mit jeder Entscheidung wird unser Ich gefestigter und wir lernen uns besser kennen. Das macht uns weniger abhängig von dem, was andere über uns sagen und denken, und wir machen immer mehr unser eigenes Ding!

Tja, und wahre Freunde finden das auch nicht peinlich. Denn jeder Mensch ist nun mal anders. Jedem machen andere Dinge Spaß. Das ist ja das Schöne. Denn wenn wir alle gleich wären, wäre es ja unfassbar langweilig. Findest du nicht auch?

Was nun tun?

Keine Verabredung, kein Unterricht, kein Termin? Bühne frei für Langeweile! Vielleicht entdeckst du beim Ausmalen etwas über dich selbst ...

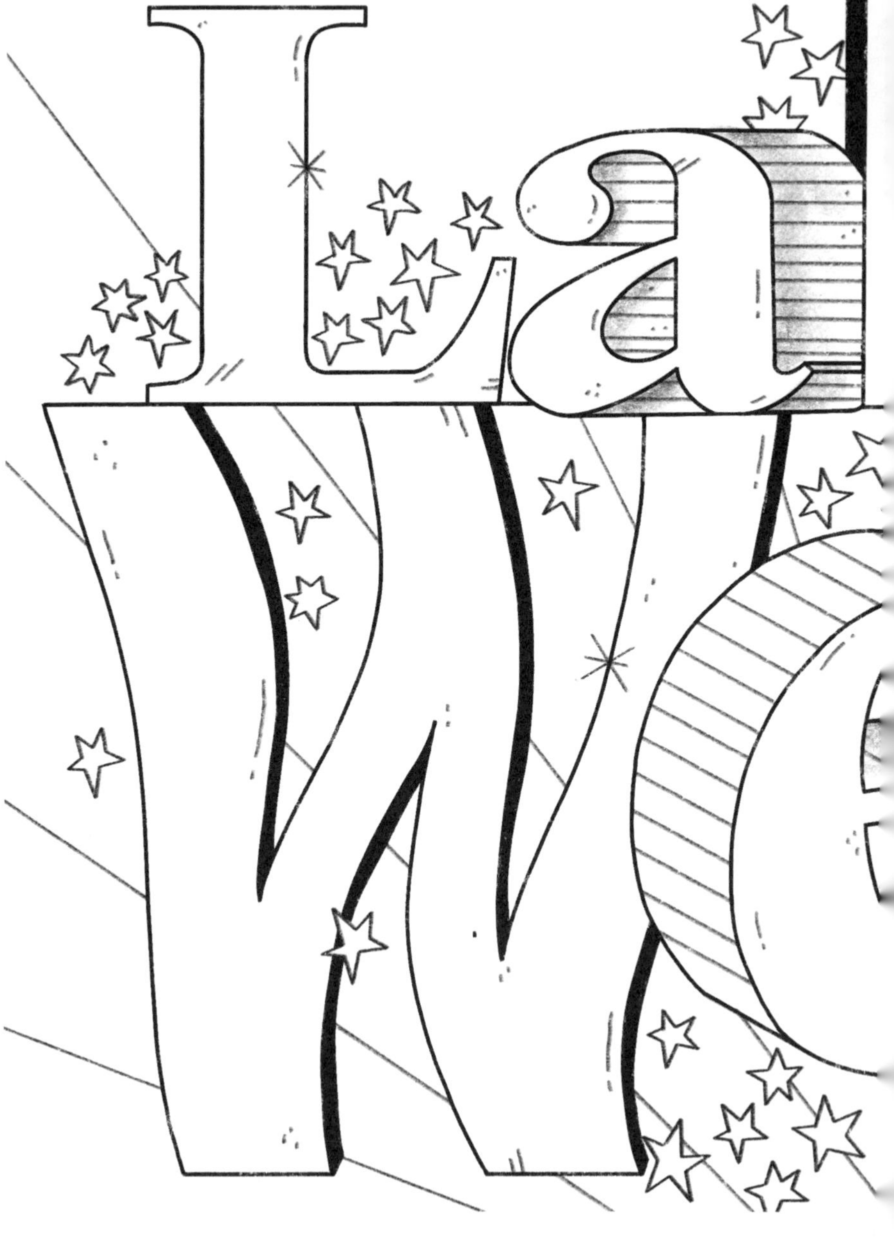

Kapitel 7

Ich ist jemand anderes

Kennst du diese Tage, die einfach doof sind? Du stehst auf und schon in dem Moment schlummert in dir ein mulmiges Gefühl. Du fühlst dich irgendwie traurig oder sogar verletzt, dabei hast du dich nirgends gestoßen oder bist hingefallen oder so. Trotzdem ist da so ein Schmerz. Wie ein Schmerz in deinem Körper drin. Ätzend!

Wieso tut mir manchmal was weh, obwohl ich mich gar nicht verletzt habe?

Das liegt daran, dass wir nicht nur leiden, wenn wir uns gestoßen oder irgendeine Wunde am Körper zugezogen haben. Wir leiden auch durch ein Gefühl, das wehtut. Wenn dir zum Beispiel deine Freundin oder dein Freund etwas Gemeines sagt wie: »Du bist total doof und siehst blöd aus!« Dann tut das weh. Manchmal können gemeine Worte sogar viel mehr wehtun als ein Sturz mit dem Fahrrad.

Okay, es lässt sich ja noch ganz gut verstehen, dass es wehtut, wenn jemand, den wir gerne haben, etwas Verletzendes gemacht oder gesagt hat. Aber was ist mit diesem Schmerz, der irgendwie einfach da ist und den wir uns nicht erklären können?

Du, ich und wir alle sind Menschen. Und alle Menschen leben auf der Erde – unserer Welt. Ganz tief in uns drinnen fühlen wir uns alle dieser einen Gruppe Mensch zugehörig, egal wo auf der Welt wir leben. Deshalb leiden wir auch immer ein kleines bisschen mit, an allen Dingen, die auf der Welt passieren. Vorausgesetzt, wir bekommen das mit. Im Deutschen gibt es das Wort »Weltschmerz« dafür. Der Schmerz über die Welt eben.

RANDWISSEN:

Weltschmerz ist ein Begriff, den es in vielen Sprachen gibt. In meiner Muttersprache Portugiesisch spricht man von »Saudade«. Das steht für eine bestimmte Form des Weltschmerzes und lässt sich mit »Traurigkeit«, »Sehnsucht«, »Heimweh«, »Fernweh« oder auch »sanfte Melancholie« übersetzen.

Woher kommt Weltschmerz?

Wir alle haben sicherlich eine Wunschvorstellung von der Welt, in der wir leben. Wir wünschen uns zum Beispiel Frieden und dass es allen Menschen gut geht, dass es den Tieren gut geht, dass es der Natur gut geht und so weiter. Manchmal hört man oder sieht man im Internet, im Fernsehen oder Radio schlimme Nachrichten von der Welt. Zum Beispiel über Krieg, Anschläge oder Naturkatastrophen. Viele Dinge, über die in den Nachrichten berichtet wird, machen uns traurig oder können sogar richtig Angst machen. Das ist ganz normal und geht uns allen so. Und es kann dazu führen, dass wir feststellen müssen, dass unsere Wunschvorstellungen über die Welt nicht erfüllt werden und wir daran auch nichts ändern können.

Puh, das sind dann diese Tage, an denen man gar nicht erst aufstehen will und sich am liebsten einfach nur die Decke über den Kopf ziehen würde. Das ist der Moment, bei dem all die schlechten Dinge auf der Welt ganz nah an uns herankommen. Das macht uns hilflos, wütend und traurig. Wir fühlen den Weltschmerz.

Ich hoffe, ich habe dich mit dem Thema jetzt nicht zu sehr runtergezogen – das ist nicht meine Absicht. Ich möchte dir damit auf deiner Selbstfindungsreise helfen. Denn die Schmerzen, die du spürst, sind ein ebenso wichtiger Teil von dir, von deinem Ich, wie die schönen Dinge. Deshalb ist es wichtig zu wissen, wie du gut mit Schmerzen umgehen kannst. Denn sie gehören nun mal zu dem, was du bist und wie du bist.

Was kann ich gegen Weltschmerz tun?

Willst du meinen kleinen Geheimtipp gegen Weltschmerz wissen? Eine kleine, schöne Glaskugel. Das ist kein Scherz. Ich habe in meinem Kleiderschrank, ganz hinten in einer Ecke versteckt, eine Glaskugel in einem Stoffsäckchen. Und die hole ich nur raus, wenn ich mich traurig und vor allem auch hilflos fühle. Und auch wirklich nur dann schaue ich mir eine Weile die Glaskugel an und konzentriere mich nur auf meine Spiegelung, die ja auch immer ein wenig witzig aussieht in einer Kugel. So lange, bis ich tatsächlich spüre, dass sich ein besseres Gefühl in mir drin ausbreitet.

Was hinter meinem Glaskugel-Trick steckt, ist ganz simpel: abschalten! Wenn dir schlechte Nachrichten zu viel werden, leg das Tablet, das Handy weg oder schalte das Radio oder den Fernseher aus. Konzentriere dich auf Dinge, die dir Freude machen, die dich zum Strahlen und Lachen bringen. Höre in dich hinein, wann es dir zu viel wird!

Außerdem gehört es auch dazu, schlimme Ereignisse zu akzeptieren, selbst wenn es schwerfällt. Wir wollen Leid natürlich nicht zustimmen, aber es zu akzeptieren, bedeutet das auch nicht. Nur weil man etwas akzeptiert, heißt das ganz und gar nicht, dass man es gut findet. Wir erkennen damit nur an, dass sich die Wirklich-

keit nicht immer verändern lässt. Akzeptieren heißt also auch, Dinge so zu nehmen, wie sie sind, und loszulassen. Denn ändern kann man sie nicht.

Du, ich und niemand ist perfekt. Wir müssen also auch nicht immer gut gelaunt sein, sondern dürfen auch unseren Schmerzen einen Raum geben. Das ist auf Dauer sogar sehr wichtig, damit es uns insgesamt besser geht und wir nichts in uns hineinfressen. Im Folgenden hab ich noch ein paar kleine praktische Tipps für dich gegen Weltschmerz.

Für jede schlechte Nachricht einen guten Gedanken

Das kann eine gute Entspannungsübung sein. Wenn dich eine Nachricht belastet, versuche ganz gezielt, eine schöne Erinnerung herbeizudenken. Danach fühlst du dich vielleicht gleich besser.

Singen

Singen befreit dich auch von schlechten Gedanken. Wenn du ein paar Zeilen, zum Beispiel von deinem Lieblingslied, laut singst, ist es deinem Gehirn in der gleichen Zeit nicht möglich, Angst zu verspüren. Denn der dafür zuständige Bereich in deinem Gehirn wird durch deinen Gesang blockiert. Solltest du auf Anhieb keinen Song parat haben – hier eine kleine Strophe vom »Köperzellen-Rock« – die geht immer. Kannst dir ja mal das ganze Lied anhören, wenn du magst.

»Jede Zelle meines Körpers ist glücklich
Jede Körperzelle fühlt sich wohl
Jede Zelle an jeder Stelle
Jede Zelle ist voll gut drauf«
Text: Astrid Kuby, »Der Körperzellen-Rock«

Drüber reden

Was bei vielen Sorgen, Ängsten und seelischen Schmerzen hilft, ist darüber reden. Geh auf Menschen zu, denen du vertraust – deine Eltern, deine Geschwister, deine engsten Freunde, deine Lieblingslehrerin oder dein Lieblingslehrer, dein netter Onkel oder deine liebste Cousine – völlig egal. Hauptsache, du kannst mit ihm oder ihr über deine Ängste sprechen und hast das Gefühl, es ist völlig okay, dir Hilfe zu holen.

Die Sache mit den vererbten Schmerzen

Kann sein, dass du mich jetzt kurz für verrückt erklärst, wenn ich dir diese Frage stelle, ich riskiere es mal: Hast du schon mal darüber nachgedacht, dass du vielleicht sogar Schmerzen fühlst, weil jemand anderes etwas Trauriges oder Verletzendes erlebt hat?

Ja, du hast mich richtig verstanden – ich meine folgende Situation: Du fühlst dich ängstlich oder traurig oder wütend, obwohl du in diesem Moment selbst nichts Schlimmes erlebt, gehört oder gelesen hast. Du fühlst diese Gefühle trotzdem, und zwar deshalb, weil einer deiner Vorfahren – vielleicht sogar jemand, der schon längst nicht mehr da ist – etwas Schlimmes erlebt hat. Kannst du dir das vorstellen?

Du denkst dir wahrscheinlich gerade: »Jetzt ist sie völlig durchgeknallt, die Clari!« Bin ich aber wirklich nicht – jedenfalls nicht mehr als sonst auch. Es gibt wissenschaftliche Untersuchungen dazu.

Du kannst zum Beispiel extremen Stress von deinen Eltern oder sogar Großeltern erben. Du kennst das sicher – Stress. Dieses Gefühl, wenn du beispielsweise deine Woche gedanklich mal durchgehst und feststellst, dass ein Test in Mathe UND auch in Geschichte ansteht. Außerdem hat dein Papa am Wochenende Geburtstag, und du wolltest ihm noch ein Geburtstagsgeschenk basteln. Dann ist da noch das Schwimmtraining am Mittwoch, und am Freitag geht's noch zum Handball, die zählen ja alle auf dich. Außerdem müffelt der Käfig deines Meerschweinchens schon ziemlich, und das musst du unbedingt vor der Schule noch erledigen, sonst gibt's Ärger, und zwar nicht nur mit dem Meerschweinchen. Puh, das ist dann ein Moment, in dem dich so eine Ohnmacht und Hilflosigkeit überkommen kann, wenn du nur darüber nachdenkst, wie du das jetzt alles schaffen sollst! Das ist Stress.

Allerdings ist so etwas noch kein extremer Stress. Diese Art von Stress löst zwar kurzzeitig ein sehr unangenehmes Gefühl aus und lässt sicher auch dein Herz ein wenig schneller schlagen oder bringt dich ins Schwitzen. Aber meistens fühlst du dich sehr erleichtert und glücklich, wenn die Woche dann rum ist und du alles oder zumindest das meiste geschafft hast. Das gibt dir sogar ein richtig gutes Gefühl. Die unangenehmen Gefühle bei dieser Sorte Stress sind also nur vorübergehend und bleiben nicht. Das ist der Unterschied zu extremem Stress.

Extremer Stress wird weitergegeben ...

Wenn ein Mensch einen schweren Unfall oder eine totale Horrorsituation erlebt, wie zum Beispiel Krieg, dann sorgt das für extremen Stress. Dieser Stress bewirkt, dass die Person noch lange an diese Momente denkt und sich erinnert, was sie oder er damals gefühlt hat, auch wenn längst alles wieder sicher und friedlich ist. Expertinnen und Experten sprechen dann oft von einem Trauma. Man sagt, jemand ist traumatisiert – das hast du vielleicht schon mal gehört.

Solche Traumata oder extremen Stresssituationen können Menschen ein Leben lang belasten. Sie können aber nicht nur im Leben der Person, die das erleben musste, eine Rolle spielen, sondern sogar auch noch in dem ihrer Kinder und sogar ihrer Enkelkinder. Wirklich krass.

... durch Verhaltensmuster

Dass das so ist, ergibt auch total Sinn. Denn wir verbringen ja viel Zeit mit unseren Eltern oder Großeltern. Wenn sie uns viel von ihrem Trauma erzählen oder sich in manchen Situationen besonders ängstlich oder vorsichtig verhalten, dann gucken wir uns das unbewusst ab. Irgendwie werden wir ja von ihnen durch ihr Verhalten dahingehend erzogen, uns so zu verhalten, wie sie sich verhalten. Unsere Eltern gehören nun mal zu unserer direkten Umwelt, und die beeinflusst uns und unser Ich stark und andauernd.

Mein Opa, also der Papa von meiner Mama, ist in sehr armen Verhältnissen aufgewachsen, im Nordosten von Brasilien. Das ist der sonnigste und auch zugleich trockenste Teil Brasiliens. Was auch dazu führt, dass Lebensmittel sehr knapp sind. Noch dazu hatte mein Opa zwölf Geschwister, und meine Urgroßeltern hatten immer große Schwierigkeiten, die ganze Familie überhaupt zu ernähren.

Mein Opa hat also lange Zeit in seinem Leben hungern müssen, vor allem als Kind. Das hat ihn sicher auch traumatisiert. Mein Opa hat vor Hunger sogar die Knochen von seiner Hühnerkeule gegessen – wirklich kein Scherz! In seinem späteren Leben führte dieses Trauma dazu, dass er meiner Mutter beigebracht hat, möglichst keine Lebensmittel zu verschwenden oder wegzuschmeißen. Das ist etwas, was meine Mutter auch stark an mich weitergegeben hat. Schon immer und bis heute achte ich sehr darauf, alle Lebensmittel restlos aufzubrauchen und möglichst nichts wegzuwerfen.

Ich habe meinen Opa nur zwei Mal gesehen, als

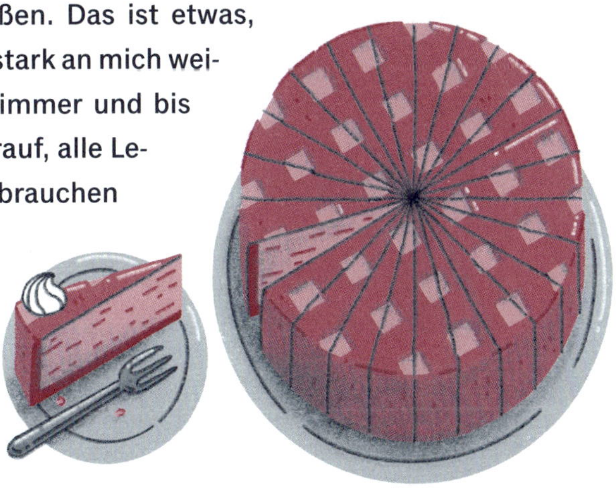

ich ganz klein war, und kann mich nicht mehr wirklich an ihn erinnern. Aber über Verhaltensmuster, die er an meine Mutter weitergegeben hat, und sie wiederum an mich, verhalte ich mich an manchen Stellen so wie er.

… über das Erbgut

Lange glaubten Wissenschaftlerinnen und Wissenschaftler, dass Traumata und sehr bedeutende Erlebnisse von unseren Eltern und auch Großeltern wirklich NUR über ihr Verhalten an uns weitergegeben werden. Über die Art unserer Erziehung und unserer Umwelt also.

Sowieso wurde in der Wissenschaft immer wieder diskutiert, was denn nun unseren Charakter mehr prägt: die Natur, also unsere Gene – unsere festgelegte Bau- und Bedienungsanleitung –, oder die Umwelt, also Erziehung und Sozialisation. Erst die Epigenetik hat die Brücke zwischen beiden Polen geschlagen. Durch die Epigenetik gibt es kein Entweder-oder mehr, sondern ein Sowohl-als-auch.

Genauso verhält es sich auch bei Traumata und extremen Stresserlebnissen. Sie werden zum einen durch das Verhalten unserer Vorfahren an uns weitergegeben sowie *auch* über die DNA, also die Gene. Denn die Erfahrungen können so prägend sein, dass sie sich dauerhaft im Erbgut unserer Großeltern oder Eltern festsetzen und so an die nächste Generation weitergereicht werden. Durch die Epigenetik wird die Erfahrung, die zum Beispiel unsere Eltern im Lauf ihres Lebens gemacht haben, bei uns zu einer, mit der wir schon auf die Welt kommen. Sie ist bei uns dann schon angeboren.

Wenn wir noch mal an das Beispiel von meinem Opa denken, kann es also sein, dass ich bis heute keine Lebensmittel verschwenden will, weil mich meine Mutter so erzogen hat (weil sie von ihrem Vater so erzogen wurde). Es kann aber darüber hinaus auch so sein, dass bereits in meiner Bau- und Bedienungsanleitung steht, dass es mir ein sehr schlechtes Gefühl gibt, Lebensmittel wegzuschmeißen, und die Angst, nicht genug zu essen zu haben, schon in meinem Erbgut angelegt ist. Auch wenn ich selbst noch nie Hunger leiden musste und diese Erfahrung nie gemacht habe.

Wissenschaftlerinnen und Wissenschaftler haben diese Überlegung untersucht und sie mit einem wichtigen Moment in unserer Geschichte beweisen können.

Woosh »

eine kurze Zeitreise

Im Jahr 1939 fing Deutschland einen schrecklichen Krieg an, den Zweiten Weltkrieg. In diesem Weltkrieg kämpften sehr viele Länder auf der ganzen Welt gegeneinander. In Europa dauerte dieser Krieg bis 1945. Damals waren in Deutschland die Nationalsozialisten – abgekürzt Nazis – an der Macht. Ihr Anführer war Adolf Hitler, ein sehr grausamer Mann, der Millionen Menschen umbringen ließ.

Gegen Ende des Zweiten Weltkriegs, im September 1944, begann in den Niederlanden eine ganz besonders fürchterliche Zeit. Denn die Nazis hatten alle Wege abgeschnitten, auf denen Lebensmittel und Nahrung in die Niederlande kommen konnten. Die Menschen erlitten eine große Hungersnot. Diese Zeit ging als »Hungerwinter 1944–45« in die Geschichte ein.

Etwa 4,5 Millionen Menschen hatten damals zu wenig zu essen, auch viele schwangere Frauen. Die Hungersnot führte bei ihnen dazu, dass sich ihre Gene, die für das Wachstum ihrer Kinder zuständig waren, änderten. Die Kinder kamen dadurch sehr klein und dünn auf die Welt. Das waren körperliche Eigenschaften, die sie darauf vorbereiten sollten, mit wenig Nahrung gut auszukommen. Die Körper ihrer Mütter hatten die Kinder also auf eine Welt vorbereitet, in der es wenig Essen gab.

Doch nach dem Krieg gab es wieder reichlich zu essen und alle haben wieder ordentlich reingehauen. Bei den Kindern von den Überlebenden des holländischen Hungerwinters führte das häufig zu Krankheiten, die mit zu viel Zucker oder Übergewicht zu tun haben – denn ihre Körper waren ja auf wenig Essen eingestellt und kamen mit dem Überfluss nicht gut klar. Und nicht nur sie selbst, sondern auch ihre Kinder, also die Enkelkinder der hungernden Frauen, hatten noch mit solchen Krankheiten zu kämpfen.

Heute weiß man: Wenn die Mütter oder sogar die Großmütter diese schlimme Zeit durchgemacht haben und davon traumatisiert waren, veränderten sie das Erbgut ihrer Kinder und sogar ihrer Enkelkinder.

Ist das nicht eine völlig verrückte Vorstellung? Dass wir mit unseren Vorfahren so eng verbunden sind, dass wir sogar Ängste und Traumata, die sie erlebt haben, schon in uns drin haben, bevor wir überhaupt auf die Welt kommen! Sogar die körperlichen Veränderungen, die diese Ängste und Traumata unserer Vorfahren ausgelöst haben, können bereits in unserer DNA stecken. Diese Veränderungen spüren wir dann in unserem Körper und in unseren Gefühlen.

Wer weiß, welche Ängste, Traumata und Spuren von extremem Stress wir noch so in uns tragen und zu unserem eigenen Ich zählen, obwohl sie ursprünglich schon von unseren Eltern, Großeltern oder sogar Ururururgroßeltern gefühlt wurden?

Ein Beispiel aus der Mäusewelt

Um solche Vorstellungen wissenschaftlich zu untersuchen, brauchen Expertinnen und Experten Modelle. Dafür werden häufig Experimente mit Mäusen gemacht. Die Forschenden versuchen dabei, anhand der Mäuse Lösungen zu entwickeln, die dann auch uns Menschen helfen können.

Mäuse sind bisher dafür am besten geeignet, da sie klein sind und nicht so viel Platz brauchen, um sie artgerecht zu halten. Sie sind aber groß genug, um die Untersuchungen gut durchzuführen. Außerdem vermehren sie sich schnell und leben relativ kurz. Vererbung über mehrere Generationen lässt sich demnach an Mäusen gut beobachten.

Die Vererbung von Verhaltensmustern aufgrund von extremem Stress konnte auch bei Mäusen nachgewiesen werden. Ein Team

2.5 MIO JAHRE

von Biologinnen und Biologen aus der Schweiz machte dafür ein Experiment: Sie unterzogen Mäuse nach der Geburt extremem Stress, indem sie die Babys in unterschiedlichen Zeitabständen von ihren Müttern trennten. Das stresste die Mäusebabys irgendwann so, dass sie traumatisiert waren.

Das Ergebnis: Alle traumatisierten Mäuse zeigten ein unnatürliches Verhalten und schmissen sich oft in gefährliche Situationen, ohne sich selber gut zu schützen. Das Verhalten, unbedacht Risiken einzugehen, beobachtet man auch häufig bei traumatisierten Menschen. Es ist also ein typisches Verhalten für viele Lebewesen, die an einem Trauma leiden.

Interessant wurde es dann bei den Kindern der traumatisierten Mäuse: Obwohl diese ohne Stress aufwuchsen, zeigten sie die gleichen Verhaltensauffälligkeiten wie ihre Eltern. Selbst bei den Enkeln und Urenkeln der gestressten Mäuse konnten diese Veränderungen im Verhalten noch beobachtet werden.

Unsere Umwelt sorgt dafür, dass wir bestimmte Erfahrungen in unserem Leben machen und mit unserem Verhalten darauf reagieren. Wie wir auf diese Einflüsse reagieren, wie wir ticken, gehört in den Bereich der Epigenese. Durch Epigenetik können demnach solche erworbenen Verhaltensweisen an unsere Nachkommen weitergegeben werden.

Wie weit Veränderungen im Erbgut aufgrund von schmerzlichen Erfahrungen bei uns Menschen zurückgehen können, ist noch nicht klar. Aber wenn **es bei Mäusen** schon über so viele Generationen anhält, wer weiß, was die Forscherinnen und Forscher noch so über unsere Epigenetik herausfinden können.

RANDWISSEN:

Kaum zu glauben, aber wahr: Die Gene von Menschen, Mäusen und vielen anderen Säugetieren stimmen zu 95 Prozent überein. Deswegen sind Tierversuche in der Forschung oft so aussagekräftig: Was der Maus beispielsweise gegen bestimmte Krankheiten hilft, wird höchstwahrscheinlich auch beim Menschen wirken.

Hast du Lust, dir die epigenetische Vererbung von Traumata wie eine Neurobiologin oder ein Neurobiologe anzuschauen? Dann schmeiß dich in den Kittel und los geht's! Wenn nicht, blättere weiter bis Seite 149.

Die Micro-RNA

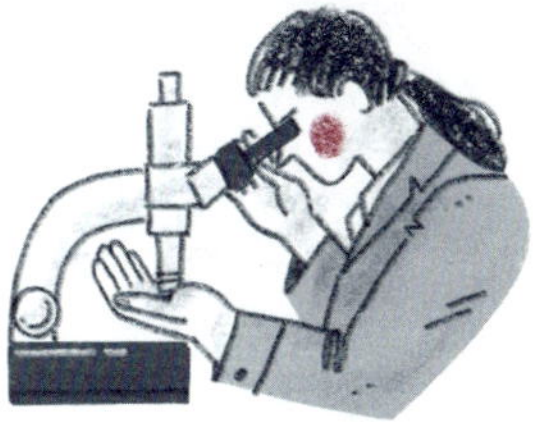

Erst mal vorweg: So ganz genau hat man noch nicht herausgefunden, wie diese epigenetischen Veränderungen vererbt werden. Aber es gibt schon einiges, was wir uns hier unterm Mikroskop anschauen können. Und ein paar Sachen wissen wir ja auch schon an dieser Stelle:

Genauso wie unsere Gene, also unsere DNA, werden auch die Epigene an die folgenden Generationen, also unsere Nachkommen, weitergegeben. Zurzeit kann dieser Vorgang bis zur dritten Generation nachverfolgt werden. Also von Großeltern (erste Generation) auf Eltern (zweite Generation) auf Kinder (dritte Generation).

Die DNA, also unser Erbgut, steckt in jeder einzelnen Zelle und kopiert sich immer wieder selbst. Eine kurze Kopie der DNA nennt man Micro-RNA. Und diese Micro-RNAs übernehmen eine wichtige Aufgabe: Sie bestimmen, wie stark manche Gene abgelesen werden.

Das heißt: Wenn die DNA unsere Bau- und Bedienungsanleitung ist, bestimmt die Micro-RNA unter anderem, welchen Teil der Anleitung wir lesen und welchen wir vielleicht auch überspringen. Sie steuert also, welche Information wir dann in unserem Gedächtnis abspeichern und welche nicht – ohne dass wir die Bau- und Bedienungsanleitung umschreiben. Sondern wirklich nur, *wie* wir sie lesen und *was* wir aus ihr lesen.

Wirkt jetzt von außen extremer Stress oder ein Trauma auf den Körper, löst das ein Ungleichgewicht der Micro-RNAs aus. Es kann also sein, dass der normale Kopiervorgang unserer

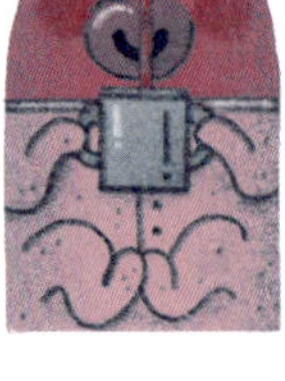

DNA durch das Trauma oder den vielen Stress gestört wird. Dadurch wissen die Micro-RNAs nicht mehr so richtig, was sie wo und wie ablesen sollen, und sind verwirrt. Damit wissen dann die vielen unterschiedlichen Zellen nicht mehr genau, was sie zu tun haben. In der Zelle herrscht dann Chaos.

Diese verwirrten Zellen sitzen an ganz vielen unterschiedlichen Stellen unseres Körpers. Unter anderem auch in unserem Hippocampus. Der Hippocampus ist der Arbeitsspeicher unseres Gehirns und die Verbindung zwischen dem Kurz- und Langzeitgedächtnis. Außerdem ist dieser Teil des Gehirns dafür zuständig, Stress und Angst zu kontrollieren.

Sind da jetzt die Zellen, vor allem die Nervenzellen, durch extremen Stress oder ein Trauma verwirrt und geraten in Chaos, hat das auch Auswirkungen auf das Verhalten: Wir verändern unsere Verhaltensmuster. Diese veränderten Verhaltensmuster wirken sich nach einiger Zeit auch auf die Geschlechtszellen oder auch Keimzellen aus. Bei Frauen sind es die Eizellen und bei Männern die Samenzellen. Und weil ein Kind aus einer Ei- und einer Samenzelle entsteht, kann die Veränderung des Verhaltens schon im Moment der Zeugung an die Gene des Kindes weitergegeben werden. Dann ist dieses veränderte Verhaltensmuster bei der nächsten Generation bereits angeboren.

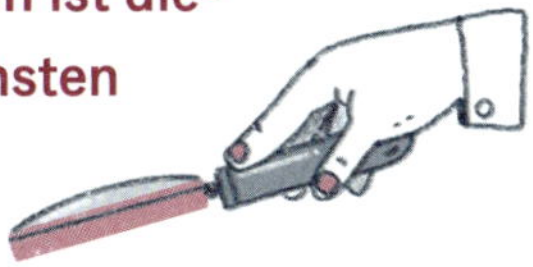

Das Feelgood-Regal

Hier ist dein persönliches Regal:
Du kannst alle Sachen reinstellen,
die dir ein gutes Gefühl geben.

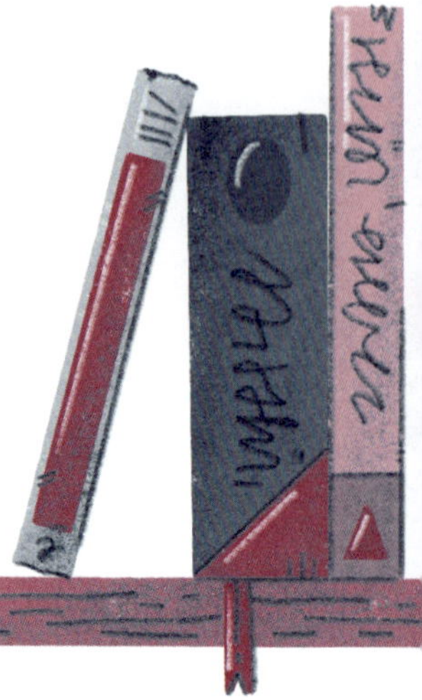

Kapitel 8

Ich kann nichts dafür – aber damit!

An dieser Stelle möchte ich eine kleine Übung mit dir machen: Setze dich am besten im Schneidersitz auf den Boden. Leg das Buch vor dich, dann kreuze deine Arme über deiner Brust und gib dir selbst eine ganz feste Umarmung. Mhhhhhmmmmmm! Fühlt sich gut an, oder?

Das war für dein Ich ganz tief in dir drin. Das Ich deiner Identität, das aus so vielen tollen und unterschiedlichen Menschen entstanden und damit etwas wundervoll Einzigartiges ist. Du bist einzigartig, obwohl so viele deiner Vorfahren Merkmale und Eigenschaften an dich weitergegeben haben.

All das hat sich auf deinen Körper ausgewirkt, auf Teile deines Charakters sowie deine Gefühle und Erfahrungen. Viele Dinge kannst du somit nicht beeinflussen, beziehungsweise hattest sie von Geburt an in dir drin. Du konntest dir nicht aussuchen, ob du rote, schwarze, blonde, glatte, lockige, dicke oder dünne Haare oder ob du helle oder dunkle Haut, blaue oder braune Augen hast. Ob du groß, klein, breiter oder schmaler gebaut bist. Genauso wenig konntest du bestimmen, ob du zum Beispiel gerne laut lachst oder gut zuhören kannst, morgens gerne früh aufstehst und aktiv bist oder doch eher nachts erst so richtig aufdrehst. Und eben

auch nicht, ob dir manche Dinge wehtun oder dich traurig machen, ob du gewisse Ängste hast, die andere vielleicht nicht haben, oder ob du mutiger bist in manchen Momenten, in denen andere es dann wiederum nicht sind.

Alle Dinge, die an dir feststehen, weil sie nun mal so in deinen Genen liegen, helfen dir ja auch, dich besser zu kennen und zu verstehen, wieso du so tickst, wie du tickst. Was du also tun kannst, ist, dich selbst so gut wie möglich kennenzulernen und alles, was du bist, zu lieben und wertzuschätzen. Außerdem hast du ja jetzt auch schon ein wenig erfahren, dass du dich verändern kannst und wie das zum Teil geht. Jeden Tag aufs Neue. Wenn du willst!

Du kannst deine Bau- und Bedienungsanleitung umschreiben

Das Tolle ist: Selbst wenn schon so viele Dinge deines Ichs von deinen Eltern, Großeltern, Urgroßeltern und wer weiß von wem noch vorbestimmt sind, kannst du dein Leben mit deiner Umwelt und deinem Charakter, dein Ich mit deiner Identität selbst gestalten. Das geht so tief, dass du theoretisch sogar deine Bau- und Bedienungsanleitung, also deine Gene, durch deine Epigenetik umschreiben kannst. Und wahrscheinlich tust du das auch schon völlig unbewusst jeden Tag.

Leider kann ich dir und mir und uns allen keine genaue Anleitung geben, wie wir uns am besten selbst gestalten können. Was ich dir aber sagen kann, ist – du hast den größten und wichtigsten Schritt dafür schon getan. Vielleicht fragst du dich jetzt: Hä, was denn?

Du hast dich auf deine ganz eigene Selbstfindungsreise begeben, etwas über Gene und Epigene gelernt. Und vor allem weißt du jetzt, dass die Epigenetik eine Brücke zwischen unseren Genen und unserer Umwelt ist – und dass wir sie selbst bauen können.

Die Epigenetik erklärt uns, wo und wie ein gesundes und glückliches Leben unseren Körper, unseren Charakter und unsere Gefühle verändern können. Und die Epigenetik zeigt, dass dauerhaft schlechte Erlebnisse und ungesundes Verhalten sich in unsere

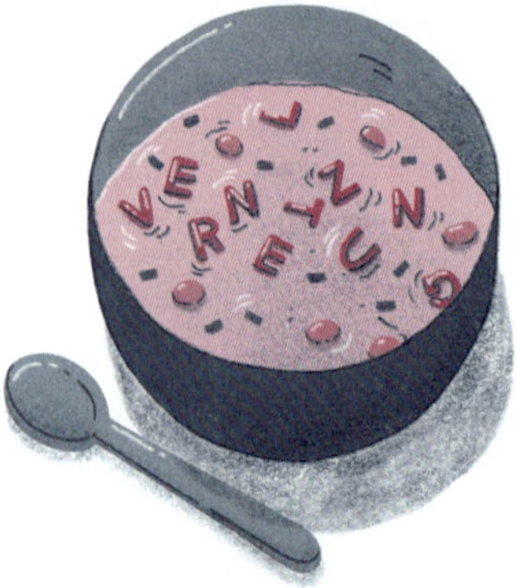

Zellen und unser Gehirn eingraben können, sodass wir sie auch noch an unsere Kinder und Enkelkinder weitergeben. Umgekehrt kannst du also mit deiner eigenen Superkraft die blöden Zellen und Epigene auch wieder rückgängig machen und positive Zellen und gute Epigene produzieren. So jedenfalls die Theorie.

Die Forschungen zur Epigenetik laufen noch nicht so lange. Es ist ein junges Forschungsgebiet, über das wir alle noch viel lernen müssen. Deswegen gibt es auch noch keine endgültigen Ergebnisse in der Wissenschaft. Doch einige Experimente zeigen Ansätze, dass epigenetische Veränderungen rückgängig zu machen sind oder dass sich zumindest einige negative Folgen mit positiven Einflüssen überschreiben lassen. Und das ist ja wohl super, oder?

Erinnerst du dich an das Biologinnen- und Biologen-Team aus der Schweiz, das mit Mäusen experimentiert hat? **Wenn nicht, geh noch mal auf Seite 140.**

Auch hier das Beispiel aus der Mäusewelt

Dasselbe Team hat es nämlich auch geschafft, traumatisierte Mäuse wieder zu heilen. Sie konnten die Folgen des extremen Stresses bei den Babys der traumatisierten Mäuse wieder rückgängig machen.

Dafür sorgten sie vor allem, indem die Mäusebabys keinem neuen Stress mehr ausgesetzt wurden. Sie bekamen einen viermal so großen Käfig, in dem sie sehr zufrieden und entspannt leben konnten. Außerdem kümmerte sich das Forschungsteam darum, dass die Mäuschen immer gut zu essen hatten und viel Abwechslung bekamen.

Tatsächlich führte das dazu, dass die jungen traumatisierten Mäuse im Erwachsenenalter ihr unnormales Verhalten, so unbedacht Risiken einzugehen, irgendwann ablegten.

Somit konnte die negative Erfahrung durch eine positive Erfahrung in den Genen überschrieben werden **und wird nun** als positive Veränderung an die Mäusekinder **der** nächsten Generation weitergegeben.

Wir sollten uns also nicht hinter unserer Bau- und Bedienungsanleitung verstecken. Und auch nicht hinter dem, was uns sonst so geformt hat. Warum auch? Wir sollten lieber immer und immer wieder auf eine Selbstfindungsreise gehen.

Die Selbstfindungsreise = die Reise, um sich selbst zu finden

Eine Selbstfindungsreise soll nun mal, wie der Name schon sagt, die Reise zu sich selbst sein. Das Reiseziel bist also du selbst. Dein Ich, deine Identität. Okay?

Ich verstehe, wenn du dich jetzt fragst: Aber woher soll ich jetzt genau wissen, wann ich dieses Ich gefunden habe?

Tja, die schlechte Nachricht ist: Diesen Endpunkt wird es bis zum Ende des Lebens nicht geben. Denn das ganze Leben lang sind wir auf der Reise zu uns selbst. Die gute Nachricht ist: Das ist das Beste überhaupt! Denn das bedeutet, dass wir uns bis zum Ende unseres Lebens verändern, unser Ich weiterentwickeln und gestalten und unsere eigenen Superkräfte jeden Tag weiter ausbauen können.

Wir können uns immer und immer wieder fragen: Was möchte ich noch werden? Was kann ich noch sein? Denn wir können immer noch die oder der werden, die oder der wir sind, aber noch nie waren.

Klar, dabei ist jetzt nicht komplett alles möglich. Es gibt Dinge, die deine Bau- und Bedienungsanleitung und unsere Umwelt ein wenig vorgeben. Stell dir das alles einfach als unseren Kern vor. Wie so ein Pfirsich einen Kern hat – den Pfirsichkern –, haben wir Menschen eben auch einen Kern, der fest in uns drinsteckt – den Menschenkern.

Dieser Kern verhindert, alles zu verändern. Deshalb müssen wir vieles an uns annehmen und so akzeptieren, wie es ist. Zum Beispiel, wo wir geboren sind, dass wir als Mädchen oder als Junge auf die Welt gekommen sind, dass wir lockige oder glatte Haare haben und so weiter. Diese Dinge können wir nicht ändern. Aber wir können uns von diesem Punkt aus weiterentwickeln, so wie wir das wollen. Nur weil wir in Deutschland geboren sind, müssen wir ja nicht für immer in Deutschland bleiben. Oder wenn wir eben mal nicht mehr lockige Haare haben wollen, können wir sie glatt machen oder in die glatten ein paar Locken drehen.

Unser Menschenkern steckt zwar fest in uns drin, hält aber viele Möglichkeiten für Veränderungen offen. Von unserem Kern heraus können wir uns in viele unterschiedliche Richtungen entwickeln und unserer Fantasie über unser liebstes Ich freien Lauf lassen und dem dann auch nachgehen.

Die Angst vor dem »Das-kenne-ich-nicht« bekämpft man mit Neugier

Verändern können wir uns nur, wenn wir die Möglichkeiten nutzen, die sich uns anbieten. Dafür ist etwas, was du sicher gut kennst, sehr entscheidend: neugierig sein.

Aber was ist das: Neugier?

Wenn man das Wort ganz genau nimmt, bedeutet es, man ist gierig nach Neuem oder auch Neuigkeiten. Das ist wie bei mir: Wenn ich zum Beispiel eine Tüte Gummibärchen öffne, muss ich eins nach dem anderen essen. Dann bin ich ganz gierig nach den Gummitierchen und kann einfach nicht aufhören, sie nacheinander in meinem Mund verschwinden zu lassen. Na ja, ganz so ist das mit der Neugier nicht. Denn im Gegensatz zum gierigen Verschlingen einer Tüte Gummibärchen ist eine gute Portion Neugier sehr gesund und tut gut.

Mit Neugier bekämpfen wir ganz natürliche Ängste, die jeder Mensch und jedes Tier in sich trägt. Denn erst mal fürchten wir uns ganz automatisch vor Dingen, die wir nicht kennen – dem Unbekannten, dem Fremden. Aber wir fürchten uns auch, wenn uns etwas sehr komplex erscheint oder wir einen Konflikt spüren oder uns etwas im ersten Moment stört.

Angst und Neugier hängen also eng zusammen und sitzen tief in uns drinnen. Denn beides sind Teile unserer Überlebensstrategie – mal wieder Instinkte. Die Angst, die uns erst mal vorsichtig sein lässt, weil ja das Neue auch gefährlich sein könnte – und die Neugier, die uns diese Angst bestenfalls kontrolliert überwinden lässt. Zwei sehr gegensätzliche Kräfte, die miteinander verbunden sind und in uns allen schlummern.

Und noch etwas: Neugier ist auch wichtig fürs Überleben und mitverantwortlich für die gesamte Entwicklung von uns Menschen. Schon die Urzeitmenschen haben durch Neugier herausgefunden, wo es das beste Essen gibt, wie man Feuer macht oder was es braucht, um sich ein sicheres Zuhause zu bauen. Neugier hilft uns bei Lösungen von Problemen. Und sie hilft uns, die Sorge zu nehmen vor dem Unbekannten – dem, was wir nicht kennen oder wissen. Die Neugier ist quasi der Motor aller Neuerungen und Erfindungen. Der Lernmotor.

Für die eigene Entwicklung bedeutet das, dass wir etwas kennenlernen, das uns zuvor fremd war – und dann merken: Hey, das passt ja total gut zu mir! Durch die Neugier fällt uns etwas Fremdes überhaupt erst auf: Im ersten Moment stört dieses Fremde, weil wir es ja nicht kennen und einordnen können. Beschäftigen wir uns dann näher damit, kann das Fremde plötzlich nicht nur vertraut werden, sondern sogar eine Möglichkeit für unser Ich aufzeigen.

Für mich war zum Beispiel Höhe lange eine Herausforderung. Ich wollte als Kind nie Achterbahn fahren oder aufs Riesenrad. Auch wenn wir lange irgendwohin fliegen mussten, hatte meine Mutter immer viel Sorge, weil ich so viel Angst hatte. Eine Zeit lang dachte ich daher auch, dass das alles sehr gefährlich sei. Ich dachte, ich hätte Angst davor. Bis ich in der zehnten Klasse war und etwa 15 Jahre alt. Für ein Physikexperiment sollten wir berechnen, wie lange der freie Fall von einer 50 Meter hohen Plattform dauert, wenn wir uns zu dritt in eine Art Pendel verwandeln und von dort oben gesichert runterfallen.

Klar war, dass wir für die Berechnung auch selbst von der Plattform runterspringen mussten. Denn nur so konnten wir die Zeit des freien Falls messen, abhängig von unserem Gewicht. Außerdem waren meine Schulkameraden auch total heiß drauf, da runterzuspringen.

Das Ding war, ich wollte mich unbedingt der Angst in meinem Kopf stellen und den Sprung wagen. Ich weiß noch genau, dass ich, während wir mit einer fahrbaren Plattform auf die 50 Meter

Höhe gebracht wurden, die ganze Zeit nach unten auf den Boden gestarrt und mir leise gesagt habe: »Du machst das jetzt!« Als wir dann zu dritt in diese Halterung geschnallt wurden, war ich vor allem mit vielen Körperreaktionen von mir beschäftigt. Schnelles Atmen, plötzliches Schwitzen. Da hat es dann geholfen zu sehen, dass ich das ja nicht allein machen musste und vor uns auch schon ganz viele andere runtergehüpft und heil unten angekommen waren. Und dann habe ich es einfach gemacht. Einfach los! Übrigens habe ich meiner Mutter erst hinterher erzählt, dass ich gesprungen bin. Hihi!

Und weißt du, was? Ich war fasziniert. Ich hatte solche Glücksgefühle und solchen Spaß bei dem Sprung, dass ich gleich noch mal gesprungen bin. Da wurde mir klar, dass ICH gar keine Angst vor Höhe und solchen Aktionen habe. Ganz im Gegenteil – sie machen mir viel Freude und Spaß. Im Nachhinein glaube ich, dass ich mit 15 Jahren mich auch schon sehr viel mit mir selbst auseinandergesetzt hatte und meine Identität bewusst selbst formen wollte. Tief in mir, eher im Unterbewusstsein sicherlich, wusste ich, dass mir solche Freizeitparks und verrückten Aktionen Spaß machen. Von dem Tag an habe ich dann jede Menge Sachen ausprobiert, Loopings im Kunstflieger, eine Ballonfahrt, Paragliding und Drachenfliegen.

Je mehr Zeit wir mit unserem Ich verbringen, je neugieriger wir mit uns selbst bleiben, umso besser lernen wir uns kennen und können unsere Identität weiter formen und gestalten.

Auf das richtige Maß kommt es an

Wie bei fast allem ist auch bei unserer Neugier das gesunde Maß gefragt. Es gilt, die goldene Mitte zu finden, und das ist schwer.

Wenn wir nämlich überneugierig werden, kann das auch schädlich sein. Denn unsere Ängste schützen uns an vielen Stellen auch vor Gefahren. Hätten wir zum Beispiel keine Angst, in einer gewissen Höhe ohne Sicherung herumzulaufen, würden wir einfach so einen Abhang herunterplumpsen. Und unsere weniger ängstlichen Vorfahren wären alle gestorben und hätten sich nicht weiterentwickeln und fortpflanzen können. Dann gäbe es uns vielleicht gar nicht. Das wäre doch sehr schade!

Da Neugier gewisse Ängste von uns bekämpft, darf es nicht zu einer Überbekämpfung der Ängste kommen. Denn dann würden wir uns sehr leichtsinnig schnell in Gefahr bringen.

Neugier mit Nebenwirkungen

Forscherinnen und Forscher in Neuseeland fanden heraus, dass zu viel Neugier durchaus auch Nachteile haben kann. Als sie eine besonders neugierige Papageienart namens Kea beobachteten, fiel ihnen auf, dass Keas sehr häufig an Vergiftungen leiden – häufiger als andere Vogelarten. Dann haben sie herausgefunden, dass die Papageien aus ihrer Neugier heraus alles Neue in ihrem Lebensraum erst mal

auschecken und prüfen, ob man das essen kann. Deswegen machen sie auch vor den bleihaltigen Nägeln der Dächer alter Berghütten keinen halt: Die Keas pulen die süßlich schmeckenden Nägel mit ihren Schnäbelchen aus dem Holz und sterben leider häufig an Bleivergiftung.

Man kann dieses Beispiel zwar nicht wirklich auf uns Menschen übertragen, aber klar ist: Neugier ist wichtig und gut, um neue Dinge zu lernen. Zu viel Neugier ist nicht gut, denn sie kann uns überfordern und dazu verleiten, Dinge unbedacht zu tun.

Die goldene Mitte gilt es also zu finden: Neugierig genug sein, um neue Möglichkeiten und Chancen für sich zu entdecken. Aber nicht zu neugierig, um sich nicht unnötig in Gefahr zu bringen.

RANDWISSEN:

Jedes Lebewesen hat ein Bewusstsein. Es kann sehen, hören, schmecken, fühlen und noch viele Dinge mehr. Leblose Dinge wie ein Stein haben kein Bewusstsein. Wenn wir von Bewusstsein sprechen, meinen wir damit, dass man sich über etwas Bestimmtes im Klaren ist und Bescheid weiß. Es gibt noch eine weitere Stufe des Bewusstseins: das Unterbewusstsein. Gedanken, die sich in unserem Unterbewusstsein befinden, nehmen wir oberflächlich nicht wahr. Trotzdem haben sie Einfluss darauf, was wir tun.

Bist du neugierig, wie neugierig du bist?
Dann teste es aus und gehe auf Seite 164.

3 Tipps, wie du deine Neugier ankurbeln kannst

Suche dir jeden Tag eine neue Erfahrung

✓ Probiere eine Frucht, die du noch nicht kennst. Hast du schon mal Physalis gegessen? Oder Karambole?
✓ Schau dir ein Video an oder höre einen Podcast zu einem Thema, von dem du bisher noch nichts weißt.
✓ Versuche dich in einer neuen Sportart.
✓ Oder bau ein technisches Gerät auseinander, um zu gucken, was da eigentlich alles so drin ist und wie es funktioniert. (Aber frage vorher sicherheitshalber einen Erwachsenen.)

Ganz egal, was es ist – Hauptsache, du entdeckst etwas Neues. Es geht vor allem darum, die eigene Komfortzone bewusst zu verlassen. Auch wenn dir die Frucht nicht schmeckt, du den Podcast doof findest oder du kein Talent für den neuen Sport entdeckst: Macht nix. Du hast es ausprobiert und hast eine neue Erfahrung gemacht. Das ist das Ziel.

Suche Kontakt zu neuen Menschen

Alle Menschen auf der Welt stammen von den ersten Menschen ab, die aus Afrika kamen. Wir haben also, wenn wir ganz weit zurückblicken, alle dieselben Vorfahren. Deshalb gleichen sich die Menschen überall auf der Welt in vielen Dingen. Aber in vielem unterscheiden wir uns auch. Vor allem, wenn es um unterschiedliche Kulturen geht, Traditionen, Religionen und so weiter. Generell unterscheidet sich jede Familie in ihrer Art zu leben ein wenig von anderen. Genau das ist ja aber auch das Spannende, Neue. Über solche Themen kannst du immer jemand Neues kennenlernen und neugierig auf sie oder ihn zugehen.

Zum Beispiel gibt es in jeder Klasse sicherlich ein paar Mitschülerinnen und Mitschüler, die zu Hause mehrere Sprachen sprechen. So war es bei mir ja auch. Zu Hause haben meine Mama und ich hauptsächlich Portugiesisch gesprochen. Meine Mutter hat auch fast nur brasilianische Musik gehört, und es lief wirklich immer Musik im Wohnzimmer. Meine Freundinnen und Freunde fanden das immer ganz toll und fragten mich auch ständig, worum es in den Liedern ging. Oder wie man auf Portugiesisch schimpft, wollten sie auch immer gerne wissen.

Was ich dir damit zeigen will, ist, dass du jeden Tag in deinem direkten Umfeld die Möglichkeit hast, etwas Neues für dich zu lernen. Etwas, das in deiner Familie oder deinem bisherigen Freundeskreis vielleicht sonst keiner kennt. Und mal so unter uns, ein paar Schimpfwörter in einer anderen Sprache zu kennen, ist hin und wieder auch ganz praktisch. Dann kannst du nämlich ganz heimlich vor dich hin schimpfen, ohne ertappt zu werden. Gut, oder?

Versuche, dich deinen Ängsten zu stellen

Die Angst vor etwas Neuem oder Fremden verlierst du nur, wenn du trotz der Angst etwas Neues wagst oder Fremdes kennenlernst. Dann erst hast du die Chance, zu erleben, dass die Angst vielleicht unbegründet war und das Neue oder Fremde vielleicht sogar richtig gut für dich ist. Ich weiß, gar nicht so einfach. Wenn dich die Angst vor dem Unbekannten packt, helfen dir vielleicht diese Fragen:

- ✓ Was wäre das Schlimmste, was passieren könnte, wenn ich das wage?
- ✓ Wie wahrscheinlich ist es, dass das, was ich befürchte, passiert?
- ✓ Und falls das Befürchtete passieren sollte: Könnte ich damit umgehen?

Ein bisschen Risiko einzugehen und neugierig zu sein, ist nun mal der einzige Weg, neue und vielversprechende Erfahrungen zu machen. Um dein Ich lebendiger, bunter, interessanter zu gestalten und Dinge für dich zu entdecken, an die du so noch nie gedacht hattest. Wenn du mich fragst – ich finde, es lohnt sich richtig, dir diese Superkräfte selbst zu geben!

RANDWISSEN:

Experimente zeigen, dass Neugier Menschen zu riskanten Entscheidungen treiben kann. Den gleichen Effekt hat Hunger. Scans des menschlichen Gehirns zeigen: Die Reaktionen des Gehirns auf Neugier und Hunger sind fast identisch. Neugier kann, ähnlich wie Hunger, ein großes Verlangen und den Überlebenstrieb in uns auslösen – und uns so den Mut geben, unsere Angst zu überwinden und ins Risiko zu gehen.

NEUGIER-TEST: Wie neugierig bist du?

Lege eine Stoppuhr neben dich und nimm dir eine Minute Zeit und schau dir in Ruhe beide Tiere an.

Jetzt überlege dir: Welches Tier hast du länger angeschaut?

Der Elefant – das Bekannte

Wenn du einen Elefanten siehst, weißt du genau: Dieses Tier gibt es, das kenne ich. Du erinnerst dich sofort an das Gesehene und alle Informationen zu dem Elefanten können aus deinem Gedächtnis im Gehirn abgerufen und mit dem, was du gerade beobachtest, abgeglichen und überprüft werden. Das gibt dir Sicherheit, denn du kannst in deinem Kopf das Gesehene abchecken nach dem Motto: Jup, stimmt – ist ein Elefant! Das Bild ist dir vertraut.

Beschäftigst du dich lieber mit etwas, das du schnell erkennst, ist die Neugier nicht so ausgeprägt. Das Interesse liegt stärker an dem Erforschen von Bekanntem, um noch mehr und Genaueres darüber zu wissen.

Das Fantasie-Tier – das Unbekannte

Deine Lust, zu forschen, wurde geweckt. Du möchtest dieses Fremde entdecken und bist neugierig. Dein Denkorgan wird angeregt und dein Gehirn versucht, Eindrücke des Bildes mit dir bereits bekannten Dingen zu vergleichen. Nach einer Art Ausschlussverfahren werden daraufhin neue Erinnerungen geknüpft und dein Gedächtnis erweitert.

Beschäftigst du dich mit einer ungewohnten Aufgabe, entstehen neue Verbindungen in den Nervenzellen in deinem Gehirn, den Synapsen, also in den Kontaktzellen, über die deine Zellen im Gehirn miteinander kommunizieren. Außerdem werden auch schon vorhandene Synapsen weiter gestärkt. Neugier hält dich fit im Kopf.

Die Welt heute: jede Menge Updates

Wir Menschen sind, biologisch gesehen, alle aus dem gleichen Stoff gemacht: Zellen. Wir haben alle in der Regel zwei Augen, eine Nase, Arme und Beine, einen Popo und noch so vieles mehr.

Genau: Und – noch – so – vieles – mehr!

Wir stammen alle von denselben ersten Menschen ab. Vor sieben Millionen Jahren hatten wir alle dieselben Vorfahren. Und heute sind wir auf der ganzen Welt verteilt, in unterschiedlichen Ländern und Kontinenten. Wir leben in unterschiedlichen Klimazonen und sprechen unterschiedliche Sprachen.

Aber wir besuchen uns gegenseitig und lernen uns kennen. Wir reisen in andere Länder, lernen andere Sprachen und sind im Aus-

tausch. Eigentlich wie eine riesige Großfamilie: Deine Tante, den Großonkel oder die Cousine zweiten Grades siehst du wahrscheinlich auch nicht jeden Tag, sondern nur, wenn ihr euch besucht oder wenn es eine große Familienfeier gibt. Da kommen dann alle zusammen, man tauscht sich aus und erfährt wieder Neues darüber, wie der oder die andere so ist, wie sich sein oder ihr Ich in der Zwischenzeit entwickelt hat.

Gerade wenn wir anderen begegnen, wird klar, dass wir aus so vielen unterschiedlichen Einflüssen bestehen und dass unser Ich sich nicht nur aus körperlichen Merkmalen zusammensetzt wie Haut- oder Augenfarbe, Größe, Figur und so weiter. Sondern auch aus Merkmalen unserer Umwelt: Sprache, Abstammung, Kultur, Religion. Aber auch aus den Dingen, die wir gerne mögen: unsere Hobbys, unsere Freizeitaktivitäten, unsere Rituale. Und eben auch aus den Dingen, die wir nicht mögen. All das gehört zu uns. Sowohl die Unterschiede zu anderen wie auch die Gemeinsamkeiten mit ihnen zeigen uns, dass es einfach wahnsinnig viele Einflüsse sind, die jeden Tag auf uns einwirken.

Wenn wir das alles in unser Ich mit reinzählen, dann gibt es kaum noch etwas, was uns wirklich »fremd« ist, oder? Irgendwie gehört ja dann alles über trölftausend Ecken zu uns selbst.

Die Begegnungen sind es, die uns verbinden, weil wir jedes Mal merken: So unterschiedlich wir auch sind, so viele Gemeinsamkeiten haben wir auch.

Oder anders: Die ganze Menschheit ist eine große und wunderschöne Familie. Und wir alle sind Teil dieser Familie. Und auch wenn man sich hin und wieder mal streitet oder sich mal nicht mag, hat sich eine Familie ganz tief im Herzen doch eigentlich immer lieb.

Gute Sprüche

Viele kluge Leute haben über das Ich nachgedacht. Ihre Sätze kannst du immer wieder lesen und dich von ihnen inspirieren lassen.

Mein bester Spruch:

Das Danach – oder auch: Das Epigen dieses Buchs

Puh, Selbstfindungsreisen machen ganz schön lesehungrig und wissensdurstig, findest du nicht auch? Wie gut, dass du mit diesem Buch an so vielen Stellen deinen Wissensdurst stillen und es als regelmäßige Nervennahrung immer wieder rausholen und weiter gestalten kannst.

Denn deine Reise geht immer weiter – im besten Fall bis ans Ende deines Lebens. Immer neugierig zu bleiben – auf eine gesunde Art –, wird dir immer wieder neue Ideen und Superkräfte für die Gestaltung deines eigenen Ichs geben. Es ist der Schlüssel zu deiner ganz persönlichen Identität und dazu, dich, deine Gefühle und Bedürfnisse jeden Tag aufs Neue besser kennenzulernen.

Denn genau diese eigene Identität, unser Ich, suchen wir alle in uns. Das haben wir Menschen schon immer getan und werden es auch weiterhin tun. Jeder von uns will wissen und verstehen: Wer ist dieses Ich?

Du weißt jetzt, dass du deine Gene, die du von deinen Eltern, aber auch noch anderen Vorfahren hast – deine fertige Bau- und Bedienungsanleitung –, von Geburt an in dir trägst. Du weißt auch, dass diese Bau- und Bedienungsanleitung nicht festgeschrieben ist, sondern du sie an vielen Stellen selbst gestalten kannst. Du weißt, dass die Epigenetik eine Brücke zwischen deiner Umwelt und allem, was du erlebst, tief in deine Gene und dein Erbgut schlagen kann. Und du hast erfahren, dass du Teile deiner eigenen Identität wiederum an deine Kinder und Enkelkinder weitergibst. Du weißt: Du selbst hast so vieles, was dich wirklich ausmacht und wer du eigentlich bist, selbst in der Hand. Du kannst dir deine eigenen Superkräfte schaffen!

Unsere Umwelt ist oft kompliziert und unsere Welt zum Teil sogar auch beängstigend. Da ist es völlig normal, dass du dich vielleicht hin und wieder verloren fühlst und nicht genau weißt, wer du nun eigentlich bist, wo du hingehörst und wo du hinwillst. Dass du dir diese Fragen aber immer und immer wieder stellst, dein Leben lang, ist genau der richtige Weg, um dein wundervolles Ich zu entdecken und zu entfalten.

Die Autorin

Clarissa »Clari« Corrêa da Silva, 1990 in Berlin geboren, ist die Tochter einer brasilianischen Psychoanalytikerin; ihr Vater stammt aus Israel. In der neunten Klasse zog sie für fünf Jahre nach São Paulo in Brasilien. Zum Studium kehrte sie zurück nach Deutschland und absolvierte ihren B.Sc. in Kommunikationswissenschaften an der Universität Hohenheim in Stuttgart und ihren Master in Medienmanagement an der Bauhaus-Universität Weimar. Seit November 2016 moderiert Corrêa da Silva verschiedene Sendungen im Kinder-TV, darunter »Wissen macht Ah!« und ihr eigenes Geschichtsformat »Triff ...«. Seit 2021 hosted sie mit ihrem Moderationskollegen Tobias Krell (Checker Tobi) die Wissensshow »Die beste Klasse Deutschlands«. Außerdem gehört sie seit 2018 zum Moderatoren-Team der »Sendung mit der Maus«.

Der Illustrator

Maurizio »Mauri« Onano, 1991 in Lippstadt geboren, ist preisgekrönter Bilderbuchillustrator, Grafikdesigner und Illustrator. Nach eigener Aussage ist die Frage »Wer bin ich?« sein Lebensthema. Er lebt und arbeitet in Köln.